사랑의 우화

사랑의 우화

초판1쇄 인쇄 2015년 7월 13일
초판1쇄 발행 2015년 7월 20일

저 자 정상연
발행인 노현철
발행처 도서출판 해남

1995. 5. 10 제 1-1885호
서울특별시 서대문구 충정로 38-12(충정로 3가) 우리타워 6F
전화 739-4822 **팩스** 720-4823
haenamin30@naver.com
www.hpub.co.kr

ISBN 978-89-6238-088-0 03810

사랑의 우화

정상연 지음

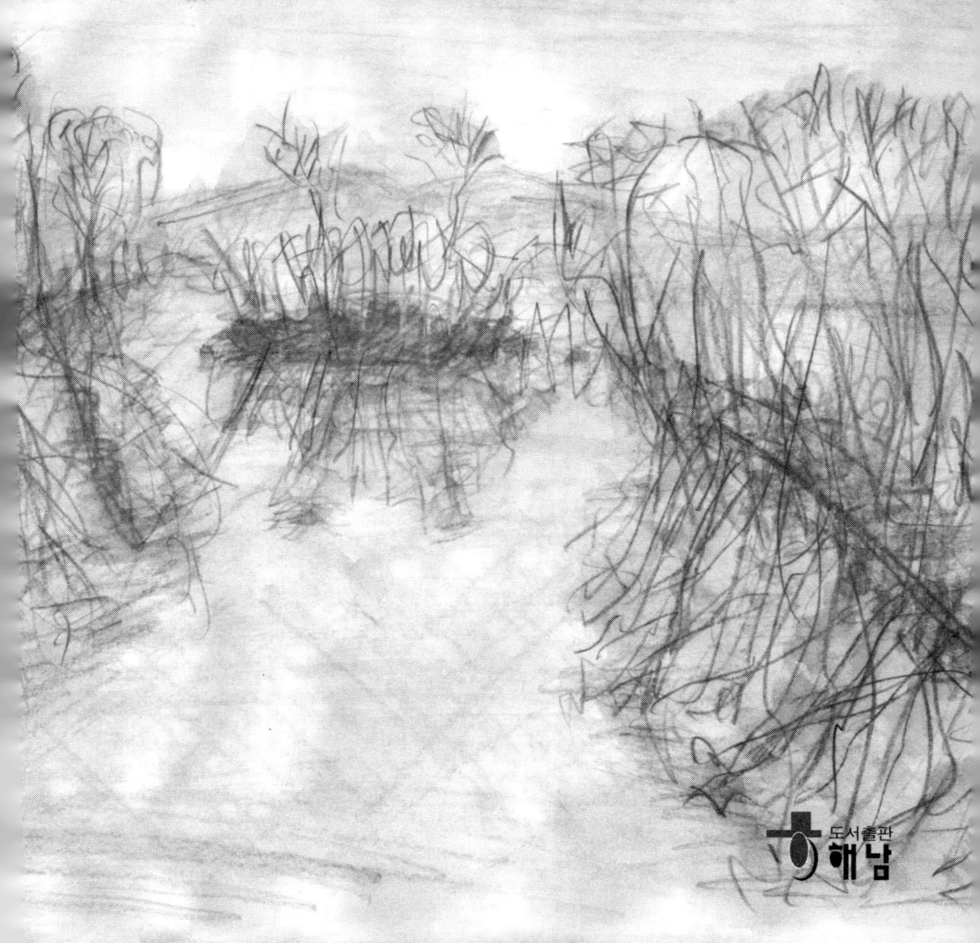

도서출판 해남

들어가는 글

순수한 사랑의 마음은 여려서 상처받기 쉬우며, 봄눈 녹듯이 금방 스러질겁니다. 그렇지만 내년에도 내후년에도 봄눈이 대지를 계속 찾듯이, 순수한 사랑의 마음도 계속 우리를 찾아옵니다. 우리 마음의 순수함이 오래 지속되고 자라기를 바라는 마음으로, 사랑의 기쁨과 안타까움에 대한 우화들을 지어 책으로 엮었습니다. 긴 세월 동안 석순(石筍)이 자라듯이, 우리 사랑의 마음도 조금씩 조금씩 커가기를 기원합니다.

차 례

호수와 바다 9

양떼구름 15

기억의 저주 27

첫 키스의 추억 37

사랑의 인사 39

이심전심 45

차가우며 포근한 사랑 49

바위의 고백 53

나무와 구름 55

아주 큰 욕심 59

우리 사랑은 영원하리라 69

소나기를 기다리며 75

해바라기 79

가시 괴물 85
잠자리의 꿈 89
뱀파이어와의 전쟁 95
큰 나무가 들려준 이야기 99
사랑의 수목원 103
여름밤의 꿈 107
찔레꽃 111
포근히 감싸는 사랑 115
그리운 고향 123
거북이의 비밀 129
내리사랑 135

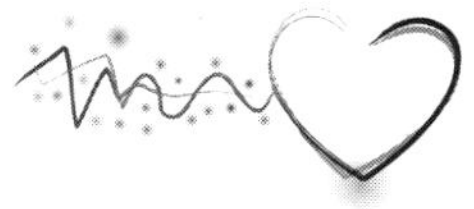

호수와 바다

아득히 멀리 떨어진 곳에 크고 넓으며 다채로운 대지(大地)가 있었습니다. 신비로운 대지에는 생명력이 넘쳤으며 그곳의 북쪽에는 높고 험한 산들이 병풍처럼 둘러서 있었지요. 겨울이 되면 높고 험한 산에는 흰 눈이 수북이 쌓였으며, 모든 것을 얼릴 듯 매서운 찬바람이 대지를 휘감았습니다. 그래도 시간의 힘이 겨울을 밀어내고 봄이 성큼 들어서면 대지는 경이로운 생명력으로 가득 찼습니다.

봄이 되면 높고 험한 산에 쌓였던 눈이 녹아 여러 갈래의 개울을 이루며 흘렀습니다. 작은 개울들은 이내 큰 강으로 합쳐졌고, 또 큰 강을 따라 흐른 물은 아주 너른 호수로 흘러들었습니다. 급히 흐르던 강물도 호수에 이르면 이내 잔잔해지며 호수로 조용히 섞여 들어갔습니다. 마치 전학 온 학생이 그곳 토박이 학생들 틈으로 조용히 스며들듯이. 너른 호수의 반대쪽에서는 다시 큰 강이 시작되어 머나먼 바다로 흘러갔습니다. 그렇지만 그곳은 너무 멀고 험한 곳이라서 대지에 사는 사람들 중에는 아무도 가 본 사람이 없었습니다. 혹시 바다에 가 본 사람이 있었을지도 모르지만, 아직까지 돌아온 사람은 없었습니다.

너른 호숫가를 따라서 여러 마을이 자리잡고 있었습니다. 이들 마을 사람들은 호수에서 물고기를 잡아 일부는 시장에 팔고, 일부는 햇볕에 말린 후에 높고 험한 산을 넘어 다른 마을로 가지고 가서 팔기도 했습니다.

이 호숫가 마을에 물고기를 잡으며 평화롭게 사는 한 소년이 있었습니다. 키가 작고 얼굴은 가무잡잡하였으며 수줍음을 잘 탔습니다. 그렇지만 마음은 순수하고 맑았으며, 인생의 근원적인 문제 – 그것이 무엇인지 표현하기 어렵지만 – 에 대해 깊이 생각하는 소년이었습니다.

어느 날 소년이 호수 가운데에서 물고기를 잡고 있을 때 갑자기 돌풍이 불었습니다. 호수의 물은 돌풍에 의해 하늘로 치솟으며 소년이 탄 배를 마구 흔들었습니다. 소년은 배가 흔들리지 않게 하려고 바닥에 납작 엎드려 배를 꼭 붙잡고 있었습니다. 정신이 나갈 정도로 무서웠지만, 그래도 배를 아주 꽉 붙잡고 있었지요.

돌풍이 얼마나 거셌는지 소년이 정신을 차렸을 때에는 배가 이미 호수를 벗어나 큰 강을 따라 머나먼 바다까지 흘러간 상태였습니다. 기진맥진해 있던 소년은 온 힘을 다해 바닷가에 배를 대고는 그대로 정신을 잃었습니다.

소년이 정신을 차려보니 포근한 침대 위였습니다. 마침 소년이 도착한 바닷가에는 작은 마을이 있었고 그 마을의 한 소녀가 바닷가를 거닐다가 쓰러져 있는 소년을 발견하여 급히 사람들에게 알려 집으로 데려온 것이었습니다. 소년은 소녀 가족들의 보살핌을 받아 이내 건강을 회복했습니다.

건강을 회복한 소년은 고향 마을로 돌아가려 했지만 너무 멀리 온데다가 어디로 가야 하는지 아무도 모르고 있었습니다. 소년은 할 수 없이 바닷가에 머물러 살게 되었습니다. 호숫가의 가족들이 사무치게 그리웠지만 아주 조금씩 그리움의 감정이 무뎌졌고, 어느덧 바닷가 사람들과도 친해졌습니다. 소년은 호수에서 물고기를 잡는 일을 하였으므로 바다에서 물고기를 잡는 일에도 곧 적응했습니다. 그리고 어느 틈에 자기를 구해 준 소녀와 서로 사랑하는 사이가 되었지요.

어느덧 성인이 된 소녀와 소년은 주위의 축복 속에 결혼을 했습니다. 바닷가 마을 사람들도 순박하고 평화를 사랑했기에 그곳도 그런대로 살 만한 곳이었습니다. 다만, 소년에게 제일 힘든 일은 소녀가 만든 음식이 너무 짜다는 것이었습니다. 원래 소년이 살던 호숫가에는 소금이 없었기에 그랬을 겁니다. 그래도 소년은 내색하지 않고, 소녀가 요리해 주는 음식을 맛있게 먹었고, 즐거운 마음으로 설거지를 도맡아 했습니다. 그렇게 평화로운 일상이었습니다. 둘 사이에서 태어난 아이들도 10살이 되자 바닷가에서 어부들을 돕는 일을 하러 나갔습니다.

결혼 후 15년쯤 된 어느 날 소녀(이제는 아줌마)가 저녁 식탁에서 소년(아저씨)에게 넌지시 물었습니다. "여보, 국에 소금을 조금 더 칠까요?" 소년(아저씨)은 속으로 '지금도 짠데'라고 생각하며 "아니, 괜찮소." 하고는 그냥 묵묵히 식사를 계속했습니다. 몇 번 그런 대화가 있은 후에는 소금을 더 칠까 말까의 이야기는 더 이상 나오지 않았습니다.

결혼 후 20년이 좀 지난 어느 날 소녀(이젠 정말로 아줌마)가 소년(중년 아저씨)에게 물었습니다. "여보, 국에 소금을 조금 더 칠까요?" 소년(중년 아저씨)은 잠시 생각했습니다. '난 지금도 짠데 혹시 싱거

워서 그런가? 그리고는 이렇게 답했지요. "난 괜찮은데 혹시 당신은 싱거우면 소금 더 치도록 하구려." 그러자 소녀(아줌마)는 조금 서운한 표정으로 묵묵히 식탁만 바라보며 식사를 했습니다. 그날 저녁에는 집안에 조금 차가운 기운이 돌았습니다.

소년(아저씨)은 소녀(아줌마)가 왜 그러는지 약간 의아한 생각이 들었습니다. 다음날 친구들을 만나서 맥주 한 잔 하면서 집에서 있었던 일을 이야기하고 조언을 구했습니다. 그러자 그중 '선수'로 유명한 친구가 한심하다는 표정을 지으며 말했습니다. "이 친구야, 그건 제수씨가 소금 더 치고 싶다는 거잖아?" 그러자 소년(중년 아저씨)은 더 의아해했지요. "아니, 그러면 더 치면 되지 왜 나한테 물어보고, 또 나도 더 쳐야 하는 거야?" 그러자 '선수'가 말했습니다. "아마도 소금 더 치는 일에서도 너하고 같은 의견이고 싶은 게지. 좋겠어." 하고 다소 비꼬듯이 말했습니다.

그날 이후 소년(중년 아저씨)은 소녀(중년 아줌마)가 "소금 더 칠까?"라고 물어보면 항상 "응, 맞아. 나도 그러고 싶었는데." 하고 대답한답니다. 그 이후로 식사 분위기가 화기애애해진 것은 물론이지요.

그런 후 몇 년이 더 흘렀습니다. 그리고는 우연한 사건이 있었는데, 그 사건을 통해 소년은 소금과 간에 대해 좀 더 생각해 보게 되었답니다. 그건 소녀(중년 아줌마)의 친척 한 분이 집을 방문하여 저녁 식사를 하면서 음식이 너무 싱겁다고 한 것이었습니다. 그날 저녁 이후 며칠 동안 소년은 음식의 간에 대해 더 생각해 보았습니다.

이웃의 음식들을 찬찬히 떠올려 보니 소년(중년 아저씨)네 음식보다 모두 더 짜고 매웠습니다. 그때서야 소년은 깨달았습니다. 소녀가 지금까지 자기를 위해 소금을 조금만 넣어서 요리를 해 왔다는 것을. 소녀는 바닷가 음식과 호숫가 음식의 중간 정도의 간으로 음식을 했던 것입니다. 그런 연유로 음식의 간은 소년에게는 짰던 것이고, 소녀에게는 당연히 싱거웠겠지요.

그러던 어느 날입니다. 아마도 결혼기념일이었을 겁니다. 배불뚝이 아저씨가 된 소년은 중년 아줌마가 된 소녀에게 저녁식사를 대신 준비하겠다고 제안했습니다. 그리고는 바닷가 음식에 맞추어 음식 간을 했습니다. 나름 열심히 요리한 소년은 의기양양해하며 말했지요. "간은 어떻소?" 그러자 소녀(중년 아줌마)가 말했습니다. 인상을 살짝 찡그리면서. "아니 음식들이 왜 이리 짜요? 소태 같애."

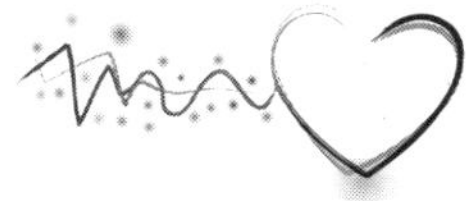

양떼구름

하늘 아주 높은 곳에 하늘나라가 있었습니다. 평화로운 하늘나라의 초원에는 양 떼들이 무리지어 다니며 한가로이 풀을 뜯었습니다. 하늘나라 신선들은 양에서 갓 짜낸 신선한 양젖을 바로 마시기도 하고 요구르트로 만들어 먹기도 했습니다.

하늘나라의 신선들이라도 그냥 놀고먹는 것은 아니었고, 각자 지상의 한 구역을 맡아 관리했습니다. 그중 한 신선은 험한 산과 계곡으로 이루어진 척박한 구역을 맡아 관리했습니다. 그곳에도 물론 사람들이 살고 있었지요. 그곳은 땅이 너무나 거칠고 험한데다가 그나마 비도 조금밖에 내리지 않아서 쌀, 보리, 밀 등을 재배할 수 없었습니다. 그래서 사람들은 척박한 땅에서도 잘 자라는 감자와 메밀을 재배해서 감자수제비나 메밀국수를 만들어 먹으며 근근이 살았습니다. 그곳 사람들은 가난한 것을 당연하게 여겼고 큰 욕심도 없었습니다. 아니, 욕심이 무엇인지도 몰랐다는 것이 더 정확할 겁니다.

이 지역을 맡아 관리하던 신선이 어느 날 사람으로 모습을 바꾸어서 이곳저곳을 순찰하며 돌아다녔습니다. 그러던 중 저녁이 되자 신선은 어느 허름한 집에 저녁 끼니와 잠자리를 신세지게 되었습니다. 그 집은 엄마와 소년만 있는 집이었습니다. 저녁 식사로 겨우 두 사람이 먹을 만큼의 감자수제비를 준비하던 엄마와 소년은 처음에는 다소 난감해하다가 곧 환한 미소를 띤 얼굴로 나그네, 아니 나그네로 변장한 신선을 맞이했습니다. 그리고는 곧 두 사람이 먹으려던 감자수제비를 세 그릇에 나누어 담고, 같이 먹자고 청했습니다.

신선은 모른 체하고 감자수제비를 맛있게 먹었습니다. 그러면서 장난기가 발동해서 너무나 배가 고픈 듯이 허겁지겁 수제비를 먹었습니다. 그 모습을 지켜본 소년이 말했습니다. "무척 배가 고프셨네요." 그러면서 소년은 자기 그릇에서 수제비 두 점을 덜어서 나그네의 그릇에 담아 주었습니다. 나그네는 사양하지 않고 두 점을 맛있게 먹어치웠습니다. 그랬더니 이번엔 소년의 엄마가 "무척 시장하셨군요." 하면서 수제비 두 점을 덜어서 한 점은 나그네에게 주고 한 점은 소년에게 주었습니다. 그러자 소년이 "배불러요." 하며 수제비를 다시 엄마 그릇으로 옮겨 놓았습니다. 그 모습에 신선은 속으로 흐뭇해하며 미소를 지었습니다.

다음날 아침 신선은 엄마와 소년에게 말했습니다. "덕분에 저녁도 잘 먹고 잘 쉬었습니다. 고맙습니다. 저도 무언가 보답을 하고 싶은데 가진 것이 없어서…" 하며 말꼬리를 흐렸습니다. 그러자 소년과 엄마는 순박하게 웃으며 "괜찮아요."라고 대답하고는 감자밭으로 일하러 나갔습니다. 같이 걸으며 엄마가 소년에게 말했습니다. "얘야, 하늘을 보렴. 오늘따라 하늘의 구름들이 몽실몽실 귀엽지 않니?" 그 구름은 사실은 하늘나라 양 떼의 그림자가 비친 것이었습니다.

하늘나라로 돌아간 신선은 지상에서 있었던 일을 옥황상제에게 보고했습니다. 그리고는 자기가 맡은 구역에는 아무런 문제가 없고 사람들도 순박하며 순수함이 유지되고 있다고 말했습니다. 사실 신선들에게 땅을 맡아 관리하게 하는 데에는 이유가 있었습니다. 그것은 땅의 정기가 하늘나라에도 영향을 미치기 때문이었습니다. 땅에 사는 생명들이 나쁜 기운에 오염되면 땅의 기운도 더러워졌고, 더러워진 땅의 기운은 바로 하늘나라에도 나쁜 영향을 미쳤습니다. 그래서 하늘나라의 옥황상제는 신선들에게 땅을 맡아서 관리하게 한 것이지요. 소년과 엄마가 사는 땅은 순수함과 따뜻함이 잘 유지되는 곳이었고 그 기운은 오래도록 하늘나라에 좋은 영향을 미칠 것이었습니다. 그래서 옥황상제는 크게 기뻐하며 맡은 일을 잘 수행하고 있는 신선에게 상을 내리려 했습니다.

옥황상제가 신선에게 말씀하셨습니다. "그대의 공이 크도다. 그대에게 상을 주고 싶은데 무엇을 주면 될까?" 신선은 욕심이 없었던지라 사양하였습니다. 그리고 "땅의 정기가 순수하게 유지된 건, 저의 공이 아니옵고 단지 그곳에 사는 사람들이 순수함을 유지하였기 때문입니다."라고 하면서 소년과 엄마에게 신세진 이야기도 곁들였습니다. 그러자 옥황상제가 말씀하셨습니다. "오, 그런가? 그럼 그들에게 상을 주면 되겠구나. 무엇을 주면 좋을꼬?" 신선은 잠시 생각하다가, 엄마가 소년에게 이야기한 구름에 생각이 미쳤습니다. 그래서 옥황상제에게 말씀드렸습니다. "그곳의 엄마와 소년이 구름을 예뻐하는 것을 알고 있나이다. 양 떼를 조금 내려주심이 어떨른지요?"

옥황상제는 신선의 청을 받아들였습니다. 그래서 하늘나라 양 떼의 일부를 계곡으로 내려 보냈습니다. 단, 지상에서는 척박한 땅에서 풀을 찾아야 했기에 거기에 맞게 양들의 성질을 조금 더 강인하게 바꾸었답니다. 그때부터 계곡의 사람들은 양을 키우며 살았습니다. 감자와 메밀만 먹다가 이제는 신선한 양젖을 먹게 되어 생활 형편도 아주 좋아졌습니다.

양들은 순했습니다. 그래서 새끼 양을 낳은 후에 사람들이 젖을 훔쳐 가도 크게 화내지는 않았습니다. 또 거친 땅에서 잡초들을 잘 찾아먹었습니다. 하늘나라에서 내려왔기에 양들의 눈빛은 그윽하고 깊었습니다. 자세히 들여다보면 하늘나라로 이어지는 통로를 찾을 수 있을 것 같은 느낌을 주었습니다. 양들은 죽은 후에는 제 몸을 내주어 계곡 사람들의 배고픔을 달래주었고, 또 가죽과 털을 내주어서 겨울의 혹독한 추위를 견딜 수 있게 해 주었지요. 계곡 사람들은 양들에게 고마워하며 나름대로는 양들을 아끼고 사랑하며 행복하게 살았답니다. 물론 양젖은 계속 훔쳤지만요.

양 떼가 계곡에 온 지 어언 수백 년이 흘렀습니다. 그 사이에 계곡에 사는 사람들의 삶의 방식도 많이 바뀌었습니다. 사람들의 살림 형편은 양을 키우면서 크게 나아졌습니다. 이제 많은 사람들이 양을 키우며 살게 되었습니다. 그러면서 집집마다 조금씩 형편에 차이가 나기 시작했습니다. 마을 근처에 다소 기름진 땅을 가지고 있는 사람들은 다른 사람들보다 양을 조금 더 키울 수 있었고 그래서 살림살이 형편도 조금 나았습니다. 마을 근처에 땅이 없는 사람들은 계곡 멀리까지 가서 양을 키워야 했습니다. 집에서 멀리 떨어진 곳까지 양을 몰고 가야 했기에 양치는 사람들은 다리도 아프고 삶은 고달팠습니다. 물론 땅이 척박해서 풀도 얼마 자라지 않았기에 키우는 양의 수도 적었고요. 거기에다가 계곡에는 늑대와 독수리들이 살았습니다. 그들은 호시탐탐 노리다가 기회가 생기면 바로 양들을 채갔습니다. 그래서 사람들은 애써 키운 양을 늑대나 독수리에게 빼앗기기도 했지요. 그렇지만 늑대와 독수리도 먹고 살아야 하기에, 사람들도 양 몇 마리 정도는 잡아먹히겠거니 하고 생각했습니다.

양을 키우고 양젖을 먹게 되면서 소녀와 소년들이 만나서 사랑하는 풍습에도 변화가 생겼습니다. 척박한 땅이었지만 봄이 되면 어김없이 대지에 푸르름이 찾아왔습니다. 그때쯤 마을에서는 나이가 적당히 찬 소녀와 소년들이 모여서 서로의 짝을 찾는 축제가 열렸습니다. 이때가 되면 소녀와 소년들의 가슴은 한없이 부풀었지요. 하지만 축제는 의외로 단순한 형태였습니다. 사람들의 삶이 양에 크게 의존하게 되면서 양과 관련된 행사가 많이 열렸습니다. 양털 빨리 깎기 대회가 열려서 제일 빨리 깎은 사람에게는 커다란 양을 상으로 주었습니다. 양젖 빨리 마시기 대회도 열렸지요.

뭐라고 해도 축제의 꽃은 소녀와 소년들이 만나는 행사였습니다. 마을 가운데에는 종이 있었습니다. 촌장은 축제의 분위기가 무르익었다고 생각되면 종을 울렸습니다. 그러면 소년들은 각자 자기가 키우는 양에게 달려가 양젖을 짰습니다. 그리고는 갓 짠 신선한 양젖을 그릇에 담아 가지고 와서 마음에 드는 소녀에게 내밀었습니다. 그러면 소녀는 마음에 드는 소년이 그릇을 내밀면 양젖의 향을 맡아보고 양젖이 든 그릇을 받아 들면 되는 것이었습니다. 소년이 마음에 들지 않으면 가볍게 사양하는 손짓을 하면 되었습니다.

마음씨는 착하지만 집안 형편은 별로 좋지 않은 어떤 소년이 있었습니다. 그 소년도 해마다 축제에 참석했지요. 해마다 마음에 드는 소녀에게 양젖을 내밀려 했지만 몇 해 동안은 변변한 기회조차 없었습니다. 소년은 마을에서 멀리 떨어진 곳에서 양을 키우고 있었습니다. 그렇기에 양젖을 짜서 마을로 돌아왔을 때에는 이미 소년이 마음에 두고 있던 소녀는 다른 소년의 양젖을 받아들인 후였지요.

그 해 축제에서도 마찬가지였습니다. 소년이 양젖을 짜서 돌아왔을 때 소녀들은 이미 모두 자기 짝이 될 소년을 선택한 후였습니다. 단 한 명, 촌장의 딸만 아무도 선택하지 않고 있었습니다. 사실 촌장의 딸은 마음씨가 곱기로 소문이 자자한 소녀였습니다. 거기에다가 촌장의 딸은 아주 예뻤습니다. 도도하고 기품이 넘쳐서 보통의 소년들은 감히 양젖을 내밀 생각조차 하지 못했지요. 몇몇 소년들이 양젖을 내밀었지만, 물론 보기 좋게 거절당했지요. 촌장의 딸은 우아한 미소를 띠고 소년을 바라보았지만, 소년은 감히 양젖을 내밀어 볼 생각도 못하고 그냥 발길을 돌렸습니다.

소년은 발길을 돌려 터덜터덜 자기가 키우는 양떼에게로 돌아갔습니다. 몇 해 동안 계속 사랑하는 짝을 찾지 못해 가슴이 많이 아팠습니다. 그래서 바로 양 떼에게 가지 않고 계곡에서 하늘을 바라보며 생각에 잠겼습니다. 그러다 보니 시간이 꽤 많이 흘렀습니다. 그 사이 항아리에 담아 두었던 양젖에 미세한 변화가 생기기 시작했습니다. 양젖이 몽글몽글 조그만 덩어리로 뭉치기 시작한 것입니다. 소년은 처음에는 양젖이 상해서 그렇겠거니 하고 생각했습니다. 그래도 양젖을 그냥 버리기가 아까워서 조금 먹어 보니 그런대로 먹을 만했습니다. 게다가 갓 짠 양젖에는 없는 은은하고 꼽꼽하며 깊은 향도 났습니다. 소년은 양젖에 생긴 변화를 신기해하며 계속해서 양젖을 저어 보았습니다. 그랬더니 몽글몽글한 조그만 덩어리들이 서로 뭉치면서 이내 큰 덩어리 형태를 갖추기 시작했습니다. 소년이 그 덩어리를 건져서 조금 먹어 보니 향기롭고 신비하며 은은한 향이 났습니다. 소년은 생각했지요. '그래, 이거다!' 이후 일 년 동안 소년은 양젖 덩어리가 더 좋은 맛을 내도록 하는 데 힘을 기울였습니다. 많은 실패를 거치면서 양젖 덩어리가 더 좋은 맛과 향을 내는 방법을 찾았습니다.

다음 해에도 축제는 어김없이 열렸습니다. 축제의 분위기가 무르익자 촌장이 종을 쳤고 여느 때와 마찬가지로 소년들은 양젖을 짜러 달려갔습니다. 소년들이 자기가 짠 양젖을 가지고 돌아와서 소녀들에게 구애를 하고, 그런 과정으로 축제가 진행되었습니다. 소년은 양젖을 짜는 대신 자기가 만든 조그만 양젖 덩어리를 항아리에 담아가지고 돌아왔습니다. 소년이 돌아왔을 때에는 이미 다른 소년과 소녀들은 짝 찾기를 마친 상태였습니다. 물론 단 한 명 촌장의 딸만 빼고. 소년은 양젖으로 만든 덩어리가 들어 있는 항아리를 소녀에게 내밀었습니다. 소녀는 항아리에서 나오는 향을 맡고 이내 그 항아리를 소년에게서 받아 자기 품에 꼬옥 안았습니다. 소녀도 양젖 덩어리의 향에 반했습니다.

주변의 사람들은 박수를 치며 자기 일처럼 기뻐했습니다. 그 때였습니다. 마을 부호의 아들이 촌장에게 이의를 제기했습니다. "촌장님, 이건 규정 위반입니다. 양젖으로 경쟁해야 하는데 이상한 음식으로 경쟁하는 것은 불공정합니다. 이건 무효입니다. 공정한 경쟁을 하게 해 주십시오."

마을 부호의 아들도 촌장의 딸을 사모하여 여러 번 구애를 하였지만 받아들여지지 않았었습니다. 그런데 소녀가 볼품없는 소년을 선택한 것입니다. 촌장은 마을 부호 아들의 이의 제기가 타당한 근거가 있다고 생각했지요. 게다가 사실 촌장도 그 소년이 썩 마음에 들지는 않기도 했구요. 그런데 자기 딸의 표정을 보고 이내 생각을 바꾸었습니다. 소녀는 너무나 행복한 표정으로 항아리를 안고 있었습니다. 그래서 어떻게든 자기 딸의 의견을 존중하고 싶었습니다. 나름 열린 마음을 지닌 아버지였던 거지요. 잠시 생각에 잠기었던 촌장은 다음과 같이 말했습니다. "그래, 자네의 의견도 일리는 있네. 그런데 양젖으로만 경쟁해야 한다는 법은 우리 마을 법 어디에도 없다네. 그리고 공정한 경쟁을 하려면 양젖 짜는 곳까지의 거리도 다 같아야 하는데 자네 목장은 여기서 제일 가까운 데 있지? 지금까지 자네 집안은 여러 가지 득을 본 셈인데 그건 어찌 할 셈인가?" 부호의 아들은 대답할 말이 없었습니다.

촌장은 마을 사람들에게 선언했습니다. "이제부터는 양젖뿐 아니라 다른 음식이나 물건으로도 소년들이 마음을 전할 수 있도록 합시다. 어떻소?" 물론 마을 사람들 중 다수가 찬성을 했습니다. 그때부터 소년들은 다양한 방식으로 자기의 사랑을 표현할 수 있게 되었습니다. 어떤 소년은 초콜릿을 주기도 하고, 어떤 소년은 말린 풀과 개울가의 반짝이는 예쁜 돌로 반지를 만들어서 소녀에게 주었습니다. 그리고 축제에서는 양젖 아닌 다른 음식들도 먹게 된 것이지요.

한편, 소년은 자기가 개발한 양젖 덩어리 만드는 비법을 마을 사람들에게 알려 주었습니다. 그때부터 마을 사람들은 양젖 덩어리를 만들어서 두고두고 먹을 수 있게 되었습니다. 남은 양젖 덩어리는 다른 마을에 팔기도 하였고, 빵 위에 얹어 구워 먹기도 하였답니다. 양파와 소시지도 같이 얹어서. 그리고 먼 길을 갈 때에 양을 데리고 가는 대신에 양젖 덩어리만 가지고 가면 되었기에 여행도 아주 편리해졌답니다.

기억의 저주

나는 하늘나라에서 살던 고귀한 존재였다. 하늘나라에서 살았으므로 당연히 죽지 않고 영원히 사는 존재였다. 옥황상제의 집사장을 보조하는 것이 내 임무였다. 옥황상제에게는 지옥계나 서쪽 나라 혹은 아랍 쪽 하늘에서 수많은 손님들이 찾아왔기에, 집사장은 늘 분주했다. 나는 집사장을 도와 옥황상제의 접견 스케줄을 짜고 회의 일정을 관리하는 일을 맡았다. 그러던 어느 날 나는 옥황상제의 일정을 중복되게 짜는 사소한 실수를 저질렀고, 그 결과 옥황상제는 지옥에서 온 대마왕에게 의전상 결례를 하게 되었다. 대마왕은 보통 때 같으면 하늘나라에 도착하자마자 바로 차 한 잔 하고 접견실에서 옥황상제를 만났을 것이지만 그날은 먼저 온 옥황상제의 손님이 아직 접견실에 있었기에 대기실에서 기다리게 된 것이다.

대마왕은 미안해하는 옥황상제에게 "괜찮습니다. 이런 일이야 흔히 있는 일이지요." 하고 호탕하게 웃으며 넘기는 듯 했지만, 지옥계에 돌아가서는 뒤끝 있는 본색을 드러냈다. 그리고는 자기가 맡은 분야에서 지옥계 규정을 '법대로' 적용하였다. 그래서 그 후 잠시 동안 불쌍한 중생들은 자기들이 저지른 사소한 잘못에 대해 죽은 후에 엄청 가혹한 처벌을 받았다. 잠시 동안이지만 지상의 시간으로는 수백 년에 해당하는 꽤 긴 시간이었다.

그 일이 있은 후에 집사장은 나에게 언짢은 표정을 지으며, 일을 똑바로 하라고 질책하였다. 내가 잘못한 일이므로 당연히 질책을 들어야 하는 일이었다. 그런데 그날따라 나의 마음도 언짢은 상태여서 집사장과 가벼운 언쟁을 하였다. 엄밀하게 따지면 내 잘못이 90%쯤 되고 집사장 잘못이 10%쯤 되는 일이었던 걸로 기억된다. 아무튼 그 일이 있은 후 나는 집사장과 다소 서먹서먹한 사이가 되고 말았다.

집사장 보조 업무에 지루함을 느끼던 나는 결국 다른 부서로 전출시켜 달라고 집사장에게 요청하였다. 그런데 그때는 마침 정기인사가 막 끝난 시점이었기에 결원이 생긴 부서가 없었다. 부속실을 떠날 생각에 사로잡힌 나는 어디로든지 갈 수 있게 해달라고 부탁하였다. 그랬더니 집사장은 나에게 지상 세계로 연수를 떠나라는 것이었다. 물론 나는 그 제안을 거절하였다. 비록 집사장 보조이지만, 나는 하늘나라의 고귀한 신분이고 또 영생을 하는 존재인데, 미천하고 비루한 인간 세계로 내려간다는 것이 말도 안 된다고 생각하였다. 집사장은 지상의 인간 세계에 가더라도 보통의 인간과는 다른 존재로 살 수 있게 해 주겠다는 조건을 제시하였다. 즉, 죽더라도 바로 다시 태어나고 또 전생의 기억도 모두 그대로 유지되므로 실제로는 계속 사는 것과 별반 다르지 않을 것이라고 나를 설득하였다.

결국 나는 집사장의 제안을 받아들여 지상 세계로 내려왔다. 말이 연수지 실질적으로는 하방(下方)에 해당하는 조치였다. 나는 히말라야 산중의 조그만 왕국의 왕자로 태어났다. 처음에는 새로운 세상을 구경하는 재미도 꽤 쏠쏠했다. 나는 부모님의 극진한 사랑과 시종들의 보살핌 속에 무난한 성장 과정을 거쳤다. 청년기가 되어 이웃 나라의 공주와 결혼하여 자식도 셋을 낳으며 행복하게 살았다. 그때 몽고족이 침입하지만 않았다면 나의 무난한 삶은 그냥 쭉 이어졌을 것이다.

몽고족이 침입하면서 왕국의 평화는 깨어졌다. 나는 왕국의 군사를 이끌고 나가서 몽고족의 기병에 맞서 싸웠다. 왕국의 군사들은 용감하게 싸웠다. 그러나 몽고족의 군사는 너무 많았고 또 그들은 하나같이 단련된 정예 기병이었다. 결국 왕국의 군사는 거의 다 죽거나 다치거나 포로가 되었다. 나도 중무장 기병의 집중 공격을 받아 수없이 창에 찔리고 화살을 맞았다. 결정적으로 적장이 강궁으로 쏜 화살이 내 목덜미를 관통하면서 내 삶의 끈은 끊어졌다. 그러나 이상하게도 첫 번째 죽음의 고통은 그리 크지 않았고 다만 면도칼에 베이듯 예리한 고통의 느낌만이 아직 남아 있다. 나는 잠이 들 듯 나의 첫 번째 죽음을 맞이하였다.

나는 중국의 원나라 황실에서 지상에서의 두 번째 삶을 시작했다. 처음에는 내가 다시 태어났다는 사실, 그리고 첫 번째 전생에서 내가 히말라야 산중의 소왕국 왕이었다는 사실을 기억하지 못했다. 물론 내가 어릴 때에는 원나라가 나의 히말라야 소왕국을 무너뜨렸다는 것도 몰랐지만. 원나라 황실의 공주로 자란 나는 어느 날 동방의 조그만 속국 고려에서 온 왕자를 만났다. 그의 용모는 조그맣고 볼품없었지만 그윽하고 잔잔한 눈빛은 사람을 끄는 매력이 있어서 바라보고 있으면 마치 잔잔한 호수를 보는 듯한 느낌을 주었다. 그래서 조그만 배에 함께 타고 노를 저어 호수 가운

데로 같이 가고픈 생각이 들게 하였다. 그의 눈빛은 정열적이어서 붉은 태양이나 이글거리는 장작불보다도 더 뜨겁게 느껴졌다. 때로 그의 눈빛이 이글거릴 때에는 그를 차마 바로 바라보지 못하였다. 그의 눈빛이 나를 태울까 겁이 났기에.

나는 조심스레 그에게 다가갔다. 그도 나에게 조금씩 마음을 열었다. 나중에 안 사실은, 조금 씁쓸하지만, 그는 정략적으로 나에게 다가온 것이라 한다. 그러나 하늘나라의 존귀한 존재였던 나의 판단으로는, 적어도 그가 처음부터 그런 생각으로 나에게 접근해 온 것은 아니었을 것이다.

어쨌든 우리는 결혼을 하고 같이 고려로 갔다. 작은 나라에 가느니 원나라 황실에 그냥 머물러 있자고 했지만 그는 고집을 꺾지 않았다. 새로운 곳에서 새 생명을 잉태한 우리 부부는 매우 행복했다. 그러나 그와의 행복은 아주 짧았다. 그의 아이를 임신한 내가 아이를 낳다가 그만 아이와 함께 죽게 된 것이다. 그때의 기억도 비교적 생생하다. 출산 과정의 아픔은 금방 잊혀졌다. 그러나 출산 과정에서 죽은 아이에 대한 미안함과 슬픔은 아주 오래갔다.

그렇게 나는 내 두 번째 죽음을 경험한 것이다. 이후에도 여러 번 나는 다시 태어났고 또 다시 죽었다. 그러는 사이에 나는 지상 세계에 나름대로 적응해 갔다. 웬만한 건 그런대로 참을 수 있었다. 지상 세계의 비천함, 고루함, 비굴함 등등에 대해서도 나름대로 적응했다. 다만 참을 수 없는 것은 기억이 되살아나는 순간의 고통과 충격이었다. 어릴 때에는 전생이 기억나지 않아서 그런대로 편하게 살 수 있었다. 그러나 사춘기가 되어 사랑하는 사람을 만나면 전생의 기억이 되살아나며 고통이 시작되었다.

사랑하는 사람과 첫 키스를 하는 순간 전생의 기억들이 살아나기 시작했다. 전생의 기억들이 스멀스멀 기어 나왔다. 그리고 머릿속에는 이내 전생의 기억들이 아주 세세하고 완벽하게 되살아났다. 수없이 이루어진 윤회 기간 동안 태어나고 자라고 사랑하고, 그녀, 그들과 나눈 대화가 모두 마치 방금 있었던 것처럼 생생하게 살아났던 것이다. 너무나 괴로운 일이었다. 그리고 비교하는 괴로움도 있었다. 18번째 생에서 만난 그는 키도 작고 또 시원찮게 생기기도 했다. 왕이라는 것 빼고는 별 볼 일 없었다.

수십 차례 아픈 경험을 더 한 후에 나는 더 이상 참을 수 없게 되었다. 그래서 죽은 후에 환생을 기다리는 짧은 환승의 순간에 하늘나라의 고위 신에게 면담 신청을 했다. "고귀하고 전능하신 신이시여, 이제 기억을 그만 내려놓고 싶습니다." 전능하신 신이 내게 물으셨다. "바로바로 내려놓아도 되겠는가?" 나는 바로 대답하였다. "물론입니다." 그러자 "글쎄, 누구는 치매에 걸리지 않게 해달라고 비는데, 이건 어디에 맞추어 주어야 하는지…" 하고 즉답을 피하였다. 나는 신에게 두 손을 모아 빌고 또 빌고 몇날 며칠을 계속 빌었다. 덤으로 빈 것은 "하늘나라에서 내가 입던 날개옷도 도로 입고 싶습니다. 지상에서 걸어다니자니 너무 괴롭고 힘듭니다."

며칠 후에 신은 빙그레 웃으면서 말하기를 "자네 소원을 들어주면 그대는 대신 무엇을 내놓을 텐가?" 라고 물었다. 나는 "자연을 위해 봉사하겠습니다. 가장 낮은 곳에서 다른 생명들에게 조금이라도 도움이 되는 삶을 살도록 하겠습니다." 라고 대답했다.

그러자 전능하신 신은 화를 내셨다. "그대가 진정 다른 생명에게 도움이 될 수 있을거라고 생각하는가? 그대가 허기를 면하기 위해 먹는 밥은 내년에 태어날 푸른 싹의 생명을 앗는 일이고, 다이어트를 위해 먹는 샐러드는 한창 푸르름과 생명력을 드러낼 신선한 풀들의 향기를 빼앗고 생명을 단축시키는 일인 것을 아는지? 그대가 입안의 부드러움을 위해 구워 먹는 차돌박이는 치열하고 순박하게 살아 온 누렁소의 생명을 앗고 그 살점을 난도질하여 얻은 것임을 진정 아는가? 그대의 입에 등 푸른 생선 몇 점이 들어가게 하기 위해, 어부들은 활기와 생명력이 넘치는 고등어들을 그물로 걷어올려 숨 막히는 고통 속에 삶을 마치도록 하였다는 걸 아느냐? 또 짭조름한 간고등어 몇 점을 맛볼 수 있게 하기 위해서, 숨 막혀 죽은 고등어에게 다시 소금 속에서 절여지는 고통의 순간을 더 거치게 했다는 것을?"

나는 대답할 말을 찾지 못하고 그저 황망한 표정으로 엎드려 있었다. 그러자 신은 다소 누그러진 표정으로 말씀하셨다. "그래, 내가 잠시 흥분했구나. 그러나 어쩌랴, 생명을 앗아야만 살 수 있는 게 지상계 존재들의 숙명인 것을. 다른 생명에게 도움이 되겠다는 너무 거창한 생각은 버리도록 해라. 네 생긴 대로 살면 된다. 너무 지나치지만 않으면 되지. 너도 살아야 되니 무언가를 먹어야 할 거고. 그러니 그것은 너무 탓하지는 않으마. 그런 걸로 너를 탓하게 되면 그 다음은 너희 생명을 그렇게 만든 신에 대한 불만만 쌓일 테니까. 아무튼 내 너의 마음을 예쁘게 생각해서 네가 생명의 순환에 조금이라도 도움이 되도록 하마. 인간이 아니라 그런 존재로 태어나 보도록 해라." 이런 말씀을 들으며 나는 스르르 잠이 들었다.

그러다 문득 깨어 보니 내 몸이 변한 것을 느꼈다. 날개도 있었다. 나는 이제 기억의 저주에서 빠져나왔다. 이제 내 기억은 30초 정도만 유지된다. 누군가가 내 생명을 앗으려고 큰 채를 휘둘러도 내 생명이 위협을 느낀 절체절명의 순간을 30초 정도만 기억할 수 있다. 그 시간만 지나면 죽음의 공포도, 두려움도 모두 사라지는 것이다. 다시 먹잇감을 찾아 즐겁게 날아다녔다.

나는 냄새나는 곳, 죽은 자가 있는 곳, 쓰레기가 있는 곳을 찾아내어 다른 생명들을 그곳으로 인도한다. 그리고 죽었거나 썩어 가는 존재들이 영원한 안식을 찾을 수 있게 도와준다. 내가 가진 더러움과 병균을 이용해서 그들이 태어난 원자의 고향으로 돌아가는 걸 돕는 것이다.

우리 종족이 없었다면 지상 세계는 쓰레기와 동물의 사체로 넘쳐났을 것이다. 우리는 가장 낮은 곳, 냄새나는 곳에서 고귀한 업무, 신에게서 위탁받은 업무를 묵묵히 수행하는 것이다. 때로는 우리 몸을 잠자리와 개구리의 먹이로 기꺼이 내던진다. 내 몸이 녹아 그들의 피가 되고 심장이 뛰게 할 수 있다니 얼마나 기쁜 일인가!

모두에게 감사한다. 한편으로는 전생에서 만난 수많은 존재들에게 미안하기도 하다. 그래서 우리는 항상 미안함과 고마움을 표현하며 산다. 앞발은 항상 사죄하는 마음과 고마운 마음으로 부비면서.

비천한 인간들은 아직 깨닫지 못하였을 것이다. 하늘나라의 고귀한 존재였던 우리 종족은 아직 날개를 지니고 있어서 높은 곳, 고귀한 곳을 향하여 날아오른다는 것을. 우리 종족은 영원히 고귀한 일을 하며 이렇게 살아갈 것이다.

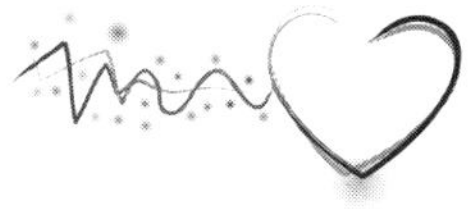

첫 키스의 추억

깊은 꿈속에서 나는 미래의 나로 환생하였다. 그리고는 나의 사랑을 다시 만났다. 미래에서도 현세에서의 사랑이 이어지며 그와 나는 서로 사랑하는 사이가 되어 있었다. 내가 여자였는지 남자였는지는 잘 기억나지 않는다. 아무튼 우리는 미래에서도 서로 사랑하는 사이가 되어 있었다.

그리고 미래의 우리는 서로를 첫사랑의 상대로 만났다. 처음 만나긴 하였지만 현세에서의 사랑의 느낌이 전해져서인지, 서로에게 바로 끌렸던 것 같다. 그렇지만 서로가 과거(지금)의 삶에 대해 막연한 느낌으로라도 알고 있었는지는 잘 기억나지 않는다. 미래의 첫 만남의 느낌이 너무도 강렬해서 지금(과거)의 삶에 대한 기억이 살아날 틈이 없었던 것 같기도 하다.

그렇지만 안타깝게도 깊은 꿈속의 시간은 너무도 빨리 흘러서 나는 서둘러 현세로 돌아와야 했었다. 서둘러 오는 사이에 미래에 그와 같이한 삶에 대한 기억은 모두 지워진 것 같다. 다만 그(그녀?)와의 첫 키스의 순간은 두근거림과 함께 너무도 생생하게 그 느낌이 남아 있다.

그(그녀)가 나를 끌어당겼는지, 아니면 내가 그(그녀)를 먼저 안았는지는 잘 기억나지 않는다. 찰나의 순간이었지만 시간이 멎은 듯 그 순간은 영원히 길었던 것으로 기억된다. 내 심장박동은 터질 듯이 빨라지고, 또 그(그녀)의 가슴의 두근거림이 그(그녀)의 숨결과 혈관의 미세한 박동으로 전해지고. 온 몸의 감각 기관이 예민해질 대로 예민해져서 손길이 전해 주는 전기, 촉촉한 입술의 촉감이 온 몸에 맑은 물에 떨어진 잉크 방울처럼 퍼지면서 머릿속이 하얘지던 그 순간.

깊은 꿈속의 시간은 너무나 빨리 흘렀고, 나는 서둘러 현세로 돌아와야 했다. 그건 아마도 미래의 사랑이 현세의 사랑을 방해하지 못하게 하려는 신의 배려였을 것이다.

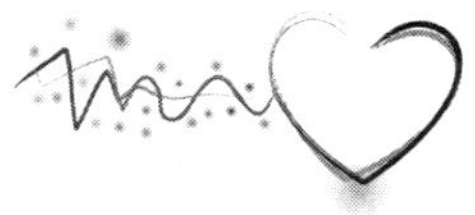

사랑의 인사

히말라야 산중에 조그마한 마을이 있었습니다. 마을 사람들은 깎아지른 듯 험한 산비탈에 손바닥만한 밭을 일구어 감자, 옥수수, 메밀 등을 키웠습니다. 그리고 야크와 염소를 키워서 젖을 짜서 마시거나 버터를 만들어 먹었습니다. 마을 사람들은 소박하게 살았습니다. 물론 모두들 각자의 삶을 지키고 가족을 돌보기 위해 열심히 살았지요.

마을의 소녀와 소년들은 나이가 차면 서로 사랑하는 짝을 찾아갔습니다. 짝을 찾는 과정이 순탄치 않거나 잘 풀리지 않을 때에는 산속 깊은 곳에 있는 현자(賢者)를 찾아가 도움을 청했습니다.

계절의 여왕이라는 5월이 막 지나가는 어느 날이었습니다. 그날도 여러 소년과 소녀들이 사랑의 과정이 순탄치 않음을 안타까워하며 현자를 찾아갔습니다. 사랑에 계속 실패하던 한 청년이 먼저 현자에게 물었습니다. "지혜로운 현자시여. 저는 열렬한 애정을 가지고 제가 사랑하는 사람을 대합니다. 그리고 그녀(들?)의 아픔, 기쁨 등등의 감정에 대해서도 공감하고자 노력합니다. 그렇지만 번번이 사랑에 실패합니다. 제게 가르침을 주시고 저의 부족함을 일깨워 주십시오." 현자는 빙그레 웃으며 "일단 다른 사람의 이야기도 들어봅시다." 하며 다른 사람들에게 고민을 털어놓아 보라고 했습니다.

그러자 한 소녀가 자기의 고민을 현자에게 이야기했습니다. "저는 그 사람을 열렬히 좋아하고 사랑합니다. 그 사람을 보살펴 주고 또 돕고 싶습니다. 폐가 안 좋아서 집안 대대로 폐결핵에 걸리는데도 그 사람은 담배를 계속 피우네요. 그래서 너무 걱정이 되어 제가 담배를 모두 감춰버렸답니다. 제가 이렇게 그 사람을 보살펴 주려고 노력하고 또 열렬히 좋아하지만 아직 그 사람과 사랑하는 사이가 되지 못했습니다. 너무도 슬프고요. 현자의 가르침을 통해 저의 부족한 부분을 깨닫고 싶어요." 현자는 또 은은한 미소를 보이며 다음 사람의 이야기를 들어보자고 했습니다.

이렇게 모든 사람의 이야기를 다 들은 현자는 드디어 사랑을 이루는 비법에 대해 이야기하였습니다. 현자는 오랫동안 각자에게 맞는 방식으로 이야기를 했습니다. 현자의 말을 요약하면 다음과 같답니다.

현자는 사랑이 이루어지려면 각자에게 최소한 세 가지가 필요하다고 했습니다. 첫째는 사랑하는 사람의 감정, 의견, 주장 등을 자기 것으로 느끼는 정서적 교류 내지는 공감입니다. 공감은 두 연인의 정서적 동질성, 교감, 상대방에 대한 호감 등등의 정도를 나타낸답니다. 둘째는 사랑하는 사람을 도와주고 보살펴 주고 싶은 마음이 가슴에서 우러나오는 배려입니다. 배려는 상대방을 기꺼이 아끼고 지켜 주고 싶은 마음이랍니다. 셋째는 사랑하는 사람에게 열렬한 애정을 가지고 몰입하는 열정입니다. 열정은 상대방에 대한 갈구, 사랑을 향한 강한 의지를 가리킨다는군요. 셋 중에 어느 하나가 모자라면 안 되고, 또 어느 하나만 지나쳐도 안 된답니다.

그러면서 현자는 삼각형을 예로 들었습니다. 세 변의 길이가 적당해야 삼각형이 되고, 어느 하나가 너무 길면 삼각형이 안 되듯이 공감, 배려, 열정이 조화로울 때에만 사랑이 가능하다고 했습니다.

"삼각형의 법칙에 의해 공감+열정>배려, 열정+배려>공감,

공감+배려>열정의 관계가 성립되어야 삼각형이 될 수 있다. 즉, 어느 한쪽 측면만 두드러지면 삼각형이 형성되지 않으며 사랑이라고 볼 수 없다. 삼각형이 형성되더라도 세 변의 크기가 고르지 않으면 삼각형의 모양이 찌그러지고 또 삼각형의 면적도 작아진다. 이렇게 만들어진 삼각형의 면적이 바로 사랑의 깊이이다. 그리고 두 사람의 삼각형이 어울리는 모양일 때 비로소 아름다운 사랑이 이루어진다."라고 하였습니다.

처음 현자에게 사랑의 고민을 이야기했던 청년은 자기가 사랑하는 사람에 대한 배려가 부족했던 것을 가슴 깊이 깨닫고 새겼습니다. 그리고 열정과 공감만 앞세우고 배려가 부족했던 것을 반성하였습니다. 두 번째로 이야기를 한 소녀도 공감이 부족했다는 것을 깨달았습니다. 그 사람이 담배를 피우는 행위를 안타까워했지만, 담배를 피우는 이유에 대해서는 무심했던 것을 반성한 것이지요.

현자의 이야기가 조금 길어지자 소년, 소녀들 중 일부는 졸기도 하였고, 또 내용을 잘 이해하지 못하겠다는 표정을 지었습니다. 그러자 현자는 모두가 이해하기 쉽도록 손을 이용하여 설명해 주셨습니다. 현자는 오른손과 왼손을 펴서, 엄지는 엄지끼리 검지는 검지끼리, 중지는 중지끼리, 약지는 약지끼리, 새끼손가락은 새끼손가락끼리 만나도록 하였습니다. 그리고는 이렇게 손가락끼리 만난 두 손을 가슴 앞으로 모아 삼각형을 만들었습니다.

소년, 소녀들은 이내 그 뜻을 알아챘습니다. 그리고 그 후에는 사랑에 어려움이 있을 때마다 현자의 가르침을 되새기며 두 손을 가슴에 모으고 삼각형을 만들어보며 자기에게 부족한 부분을 되돌아보았습니다. 그리고 마을 사람들에게도 현자의 가르침을 전했습니다. 그 후부터 사람들은 자기가 존경하거나 사랑하는 사람을 만나면 두 손을 가슴 앞으로 모아 삼각형을 만들어 보였습니다. 존경과 사랑의 표시로.

가장 먼저 현자에게 고민을 이야기했던 청년은 자기의 부족한 부분에 대해 반성을 했고, 이후에 사랑에 성공하였습니다. 몹시 추운 어느 겨울날, 청년은 자기가 사랑하는 아내를 집밖에서 만났습니다. 히말라야의 눈바람이 매섭게 몰아치는 날이었지요. 청년은 손가락이 너무나 시려서 자기도 모르게 삼각형을 만들던 오른손과 왼손의 검지부터 새끼손가락까지 손가락들을 구부리게 되었습니다. 날이 너무 추웠거든요. 그리고 왼손과 오른손의 엄지손가락도 무척 시렸기에 자기 가슴에 대고 체온으로 따뜻함을 유지하려

했습니다. 그리고 자기 손을 보니 문득 자기 심장과 비슷하다는 생각이 들었답니다. 청년의 아내도 이내 청년을 따라 손으로 심장 모양을 만들어 보였습니다.

이후 두 사람은 만날 때마다 손으로 심장 모양을 만들어 상대방에게 보였답니다. 그런데 마을의 다른 청년과 처녀들이 이 모습을 보고 이내 따라하게 됩니다. 이 풍습은 이후 세상 곳곳으로 퍼져 나갔습니다.

한편, 절에서 수양을 하는 스님들은 이러한 손 인사법을 자기들에게 맞추어서 조금 바꾸었습니다. 스님들은 배려의 마음을 가득 담은 자세로 (열정은 빼고) 상대방을 대합니다. 그래서 항상 왼손과 오른손의 손바닥을 맞대고 인사를 하지요. 이른바 합장을 하는 것이지요. 그건 마음을 비워서 도를 닦겠다는 다짐의 표시이기도 하답니다.

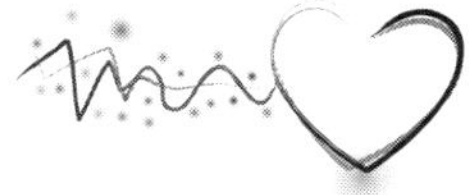

이심전심

우리는 높은 하늘나라에서 이곳으로 내려왔다. 하늘나라에서 우리들이 어떤 존재였는지는 잘 기억나지 않는다. 내려오면서 모든 기억들이 다 사라진 것 같다.

우리는 하늘나라에서처럼 이곳에서도 서로 사랑하는 사이이다. 서로를 넉넉한 마음으로 이해하며, 구속하지는 않는다. 때로는 아주 좁은 공간에서 서로의 숨소리, 심장 박동, 체온을 느끼기도 한다. 때로는 무심히 서로를 스치며 마치 모든 인연이 다 소진된 사이처럼 지내기도 한다. 물론 그때는 방전된 배터리를 충전하듯이 우리의 사랑을 다시 채우는 기간이기도 하다.

만나서 사랑하고 그 사랑이 다 될 즈음에는 우리는 생을 마감하고 다시 태어난다. 다시 태어난 우리는 서로를 단번에 알아보고 다시 사랑한다. 처음에는 이렇게 반복되는 사랑의 윤회가 어쩌면 하늘나라에서 우리가 저지른 죄에 대한 벌일지도 모른다는 생각도 들었다. 그렇지만 그 과정을 무한히 반복하다 보니 우리도 어느 틈에 사랑에 중독되었다. 우리의 반복되는 사랑은 벌이 아니라 상이었을 것이라는 생각이 점점 더 강해진다. 무한히 반복되는 이 사랑의 순환 과정이 기쁘기도 하고, 또 다음번의 사랑이 기다려지기도 하니까.

언젠가 우리는 나무와 구름으로 태어났었다. 누가 나무였고 누가 구름이었는지도 이제는 가물가물하다. 그래도 구름과 나무가 서로 사랑하며 느낀 기쁨, 그리움, 아쉬움 등을 비교적 생생히 기억한다. 서로 말을 하지 않아도 구름의 마음은 나무에게, 나무의 마음은 구름에게 그대로 전해졌던 것 같다.

우리는 바위와 난(蘭)으로도 태어났었다. 바위로 태어난 우리 둘 중의 하나는 몸이 찢기고 상채기나는 아픔도 겪었다. 고귀한 난을 품기 위해서는 바위에 틈을 내야 했기 때문이다. 그래도 은은한 난의 향기에 취한 바위는 한없이 행복했었고, 바위의 마음은 연한 두부같이 부드러웠었다.

우리는 잠자리와 개구리로 태어나 서로 먹고 먹히는 존재였었던 적도 있다. 그때에도 우리는 서로를 원망하지 않았고 바로 하나가 되었었다. 서로를 느낌으로 알았으니까.

우리 둘 중 하나가 대지(大地)로 태어나면 다른 하나는 봄눈으로 태어날 것이다. 그래서 대지가 가장 목마를 때 갈증을 풀어 주는 한 모금의 생수 역할을 하며 대지를 포근히 감싸 안을 것이다. 그때 대지가 된 짝은 잠시 고민할지도 모르겠다. 따뜻하게 상대방을 맞아서 만남이 찰나에 그치게 할 건지, 아니면 쌀쌀맞게 맞아서 만남의 시간을 좀 더 길게 할지.

날이 좀 더 더워지면 우리 중 하나는 광장의 꽃으로 태어날지도 모른다. 그래서 무심한 그의 손길이 오랜 잠에 취한 꽃을 깨워 주기를 기다리고 있을지도 모른다.

차가우며 포근한 사랑

높디높은 하늘 저 멀리까지 수많은 우주가 켜켜이 놓여 있었다. 내가 살던 우주는 대혼돈(大混沌)의 신이 관장하는 곳이었는데 우주 중에서도 서열이 꽤 높은 우주였다. 그곳이 어떤 곳이었는지는 그냥 장자(莊子)의 「소요유」(逍遙遊) 첫 구절을 상상하면 될 것이다.

나는 그곳에서 대혼돈 신의 따님을 보살피는 집사 중 한 명이었다. 나는 그녀가 갈증을 느낄 즈음에 아름다운 크리스탈 잔에 음료를 담아 갖다 드리는 비교적 단순한 일을 담당하였다. 그녀는 나와 동년배로 눈부시게 아름다웠다. 특히 그윽하고 깊은 눈은 감히 정면에서 본 적은 없지만, 보기만해도 빨려들어 갈 것 같았다.

내 신분이 집사에 불과하였기에 감히 그녀를 사랑한다는 생각은 해 보지 않았다. 그러나 마음의 흐름은 막을 수 없었나 보다. 어느 틈엔가 내 마음은 모두 그녀에게 가 있었다. 어느 날 음료를 가지고 가던 나는 그녀에게 눈길을 주다가 그만 그녀의 드레스를 밟고 미끄러졌다. 음료는 드레스에 쏟아지고 크리스탈 잔은 깨어지고 말았다. 집사로서 해서는 안 되는 큰 실수를 저지른 것이다. 이 일로 대혼돈의 신은 크게 노하셔서 나를 지금의 세상으로 추방하였다.

그리고 얼마 후에는 대혼돈의 따님도 지금의 세상으로 내려왔다. 무슨 일이 있었는지는 굳이 알고 싶지 않다. 어쩌면 혼돈이 아닌 질서가 있는 세상을 창조하고 싶어하던 그녀의 청을 대혼돈의 신이 들어 준 것일지도 모르겠다. 그녀는 세상에서 대지(大地)가 되었다. 온갖 생명과 무생물을 품어 키우고 자라게 하신다. 대혼돈의 신과 따님의 생각을 내가 다 이해하기는 어렵다. 그래서 굳이 알려고 하지도 않는다. 다만 내가 할 수 있는 한 그녀를 보살피려고 할 뿐이다. 내가 가진 조그마한 힘으로나마.

이곳에서도 나는 대지가 갈증을 느낄 즈음에나 그녀에게 다가갈 수 있다. 차갑게 얼었던 대지가 조금씩 녹고 봄기운이 아스라이 느껴지는 한편 대지의 갈증이 가장 심할 때에, 그녀의 갈증을 잠시나마 풀어 주는 한 모금의 역할을 한다. 다소 철이 지났지만 그래도 가장 순수하고 아름다운 순백의 옷을 입고 꽃을 뿌리며 그녀에게 다가간다. 그리고 내 온 몸을 다해 그녀를 포근히 감싸 안는다. 가끔 그녀는 불편한 마음을 내게 차갑게 내비치기도 한다. 그래도 상관없다. 아니, 어쩌면 그러기를 바라는지도 모르겠다. 그녀를 더 오래 포근하게 감싸 안을 수 있으니.

때로는 그녀가 따스한 마음으로 나를 대하기도 한다. 그럴 때면 나는 너무나 황홀하여 내 몸을 모두 던져 그녀의 따스한 몸을 감싼다. 그리고 내 몸은 공중에서 순식간에 녹아내린다. 짧은 만남에 대한 아쉬움을 느낄 겨를도 없다. 내 몸은 그녀가 느끼는 봄의 갈증을 잠시나마 잊게 해 줄 것이다.

나는 대혼돈의 우주에서보다 지금 더 행복하다. 그녀를 볼 수 있고 그녀를 잠시나마 따스하게 감싸 안을 수 있고, 그녀의 갈증을 풀어 줄 수 있으니. 그리고 내년에도, 내후년에도 또 그 후에도 영원히 계속 그녀에게 다가갈 수 있으니. 나 혼자 키우는 사랑이고 아주 짧은 순간만 그녀에게 다가갈 수 있지만, 나의 사랑은 그래도 영원히 지속될 것이다.

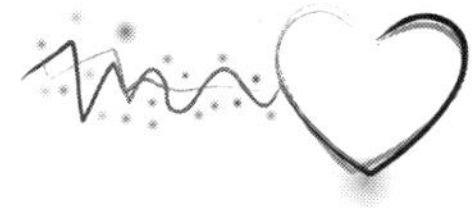

바위의 고백

바위는 욕심 없을 것 같지만 사실 나는 아주 욕심 많은 바위라오. 난(蘭)을 키우고 싶어하는. 그대여, 부디 내게 뿌리내려 주기를. 그대가 뿌리내릴 수 있게 내 몸에 크게 생채기를 내겠소. 갈라지고 패이는 아픔 쯤은 기꺼이 감수하리라. 아니 기꺼운 마음으로 즐기며, 생채기 틈새에 흙과 자양분을 품겠소.

뜨거운 햇볕에 갈라지는 아픔, 거칠게 떨어지는 물살의 쓰라림 정도는 기꺼이 받아들일 수 있다오. 내 몸에 그대를 뿌리내릴 수 있게 깊은 상처를 내는 기쁜 과정이니까.

그대는 고결한 난. 그대의 뿌리는 내 상처 틈새로 더 깊이 파고들어 자양분을 모두 가져가시오. 그대의 줄기는 고결한 기품을 지니며 천천히 자랄 것이니, 아주 가끔은 은은한 향기 나는 꽃도 피우시기를.

그런데 그대 뿌리내리기에는 지금의 틈새가 너무 좁으려나? 그럼 조금만 더 기다리시구려. 내 몸을 더 갈라 상처를 더 깊게 패이게 하리다. 그리고 그대가 넉넉히 뿌리를 내릴 수 있을 때, 나의 기쁜 상처 위에 살포시 자리잡고, 내 상처 속으로 깊숙이 뿌리내려 주기 바라오.

나무와 구름

어느 양지바른 산 기슭에 아담한 나무 한 그루가 자라고 있었습니다. 근처에는 맑은 시냇물이 흐르고 있고, 또 조금 떨어진 곳에 큰 바위가 있었습니다. 바위는 가끔 나무에게 말도 걸고 친구가 되어 주기는 하지만 나무를 찾아오지는 않았지요. 바위라서 움직일 수 없었으니까요.

마침 나무 위로 지나다니는 흰 구름이 있었습니다. 그 구름은 윗부분은 솜사탕처럼 순결한 흰색이었지만, 이곳저곳을 떠돌다보니 구름 아래는 흙먼지가 조금 묻어 있었답니다. 흰 구름은 나무와 친구가 되고 싶었지만 부끄러움에 말은 붙이지 못하고 그냥 구름 자락으로 나뭇잎을 쓰다듬으며 지나다녔답니다. 그러다 가끔씩 나무 위에 머물며 한두 마디 나무와 대화를 나누기도 하였습니다.

그러던 어느 날 흰 구름은 문득 나무에게서 막연한 그리움과 외로움을 발견하였습니다. 그리고 이내 동질감을 느꼈습니다. 그래서 나무에게 좀 더 가까이 다가갔습니다.

구름은 안개비로 모습을 바꾸어서 나무에게 다가가 말을 걸었습니다. 나무는 선뜻 대화에 응하지는 않았지요. 마음이 급해진 안개비는 차츰 굵어져 세찬 비가 되어 나무를 적시고 또 폭풍우가 되어 나무를 흔들기도 하였습니다. 이렇게 한동안 폭풍우를 몰아친 후에는 다시 구름으로 돌아갔습니다.

구름은 다시 안개처럼 나무를 감싸 안았고, 나무는 더 깊은 곳으로 뿌리내리고 의젓하고 성숙하게 되었습니다. 흰구름도 안개비에서 폭풍우로, 그리고 다시 구름으로 돌아오는 사이에 구름자락 속의 흙먼지도 어느새 모두 사라졌습니다.

그러는 동안 흰구름과 나무는 서로를 잘 이해하는 사이가 되었습니다. 구름은 훌쩍 큰 나무의 가지 위에서 잠시 쉬고 있습니다. 둘은 많은 대화를 하지는 않습니다. 아니 많은 대화가 필요하지 않은 사이가 된 것이지요.

어느덧 세월이 흘러 나무는 아주 큰 고목이 되었습니다. 나뭇등걸 곳곳에는 세월의 흔적인 구멍도 났습니다. 다람쥐, 솔부엉이 등은 구멍 안에 둥지를 틀기도 하고, 개미들은 나무 밑동에 고층

아파트를 지어서 살기도 합니다. 여름이 되면 매미들은 나뭇등걸에 남은 마지막 수액까지도 알뜰하게 빨면서 시끄럽게 여름을 알리곤 하지요.

큰 나무는 이제 살이 썩고 문드러지면서도 조그만 생명들에게 끊임없이 쉼터와 먹이를 주고 있습니다. 그렇지만 나무는 마음 깊은 곳에서 항상 어린 나무일 때 구름과 나누었던 대화를 되새기고 있답니다.

큰 나무는 언젠가는 쓰러져서 부서지고 썩게 될 것입니다. 나뭇가지들은 어느 가난한 집에서 저녁 끼니를 준비하는 데 쓰이고 연기가 되어 흩어질 것입니다. 그래도 나무는 그 생각을 하면 흐뭇합니다. 연기가 되어 흩어진 나무는 언젠가 다시 어린 싹으로 태어나고 자라며 또 다른 구름을 만날 테니까요.

아주 큰 욕심

아라비아의 사막 오아시스에 평화로운 왕국이 있었습니다. 왕국의 크기는 작았지만 주변의 사막과 어우러진 오아시스의 풍광은 매우 아름다웠습니다. 가끔 인도양에서 몰려오는 안개가 왕국을 감싸고 안개비를 뿌릴 때에는 왕국 전체가 신비로운 기운에 감싸였습니다. 온종일 내리쬐던 강렬한 해가 뉘엿뉘엿 서쪽으로 넘어갈 무렵이면 사람들은 거리로 나왔습니다. 온종일 그들을 괴롭히던 뜨거움이 곧 잦아들 것이라는 희망을 품고. 그리고 오아시스에 눈부시게 비치는 석양에게 아침까지 잠시 작별을 고하였습니다. 이 작은 왕국에 사는 사람들은 낙타를 타고 주변을 돌아다니며 장사를 하고 왕국을 지나는 상인들에게 잠자리와 먹을거리를 제공하면서 평화롭게 살고 있었습니다.

그러나 평화로운 오아시스 왕국도 자세히 들여다보면 집집마다 수많은 사연이 켜켜이 쌓여 있었습니다. 작은 왕국이라서 보잘 것 없는 왕권이었지만 이를 노리는 신하들도 꽤 있었습니다. 작은 왕국이라 모을 수 있는 재산도 얼마 되지 않았지만 다른 사람보다 조금 더 가진 것을 으스대며 뽐내는 속물들도 여럿 있었음은 물론이지요. 가난한 사람의 하루 먹거리를 속여서 빼앗는 사기꾼, 훔치거나 빼앗는 도둑이나 강도도 물론 있었답니다. 이들 또한 사실은 나름대로는 치열하게 살고 있는 것이었지요.

그중 어떤 도둑 둘은 항상 함께 도둑질을 했고, 훔친 물건은 사이좋게 나누어 가졌습니다. 이들은 가족도, 잠자리를 구할 돈도 없었기에 오아시스 근방 사막에 모래 굴을 파고 그곳에서 살았습니다. 그러던 어느 날 이들은 사막에서 안경을 발견했습니다. 이들은 안경을 팔아서 저녁 끼니거리를 사기로 하였습니다. 그런데 도둑 중 한 명이 장난삼아 안경을 끼고 시장 사람들을 보다가 이상한 점을 발견하였습니다.

사람마다 그림자 크기가 다르게 보이는 것이었습니다. 구걸하는 거지의 그림자는 아주 작게 나타났습니다. 어느 돈 많은 상인의 그림자는 유독 크게 나타나 보였습니다. 속임수를 잘 쓰는 시장 상인을 보니 그림자가 더 크게 나타났습니다. 마침 왕의 총애를 받는 장관이 시장을 지나고 있어서 그를 보니 그의 그림자는 엄청 크게 나타났습니다. 도둑들 중 제법 똑똑한 도둑이 이내 그림자의 뜻을 알아챘습니다. 안경을 쓰고 보면 다른 사람의 욕심의 크기가 그 사람의 그림자 크기로 나타나는 것이었습니다.

도둑들은 안경을 팔려던 계획을 바꾸었습니다. 그리고는 안경을 이용해서 새로운 사업을 시작했습니다. 그것은 안경을 이용해 돈 많은 사람들을 찾아내어 그 사람들의 집에 들어가 물건을 훔치는 것이었습니다. 욕심이 많은 사람들은 대부분 많은 돈을 벌어서 집에 쌓아 놓는다는 점을 이용한 것이지요.

그들의 사업은 번창해서 금방 꽤 큰 돈을 모을 수 있었습니다. 그쯤에서 도둑질을 그만두었다면 평생 편하게 먹고 살 수 있었을 것입니다. 그렇지만 돈을 쉽게 번 그들의 욕심은 더 커져서, 돈을 더 모으기 위해 도둑질을 계속했습니다.

꼬리가 길면 밟힌다고 결국 들키게 됩니다. 어느 장관의 집에 몰래 들어간 그들은 그만 경비병에게 걸려서 도망치다가 한 명이 화살을 맞고 죽었습니다. 또 다른 한 명은 안경을 챙겨서 간신히 도망갔습니다. 구사일생으로 살아남은 도둑은 생각했습니다. 도둑질은 위험하니 다른 방식으로 안경을 이용해야겠다고. 그래서 그는 은밀히 왕실과 접촉하려고 시도하였습니다. 도둑질로 모아 놓은 금화와 은화를 뇌물로 주고 왕의 비서실장을 만났습니다. 물론 자기 신분은 사막을 여행 중인 외국의 부자로 위장해서지요. 그리고는 왕과의 면담을 부탁했습니다. 뇌물에 넘어간 비서실장은 왕과의 만남을 주선했습니다.

왕을 만난 도둑은 대담한 제안을 했습니다. 그것은 신하들 중에 다른 마음을 가진 신하를 찾아 주겠다는 것이었습니다. 자기가 사막을 여행하며 사람의 마음을 꿰뚫어 보는 신통력을 얻었기에 신하들의 마음을 볼 수 있다고 했습니다. 신하들이 자기를 몰아낼까봐 전전긍긍하던 왕은 도둑의 제안에 쉽게 넘어갔습니다.

왕의 신임을 얻은 도둑은 커튼 뒤에 숨어서 왕의 신하들을 살펴보았습니다. 물론 안경을 쓰고서. 그중 유독 그림자가 큰 신하 한 명을 어렵지 않게 찾을 수 있었습니다. 도둑의 신호를 받은 왕은 그 신하를 체포하라고 명령했습니다. 그리고는 왕의 명을 받은 군사들이 그 신하의 집을 수색해서 신하가 숨겨 두었던 많은 무기와 군사 자금 등을 찾아냈습니다. 그 신하는 왕을 몰아내고 자기가 왕이 되려고 비밀리에 무기와 돈을 모으고 있었던 것입니다.

이 일로 도둑은 왕의 절대적 신임을 얻게 되었습니다. 신하들도 도둑을 크게 두려워하게 되었지요. 도둑이 하는 일은 아주 간단했습니다. 커튼 뒤에서 신하들을 살펴보다가 유독 그림자가 큰 신하만 찾으면 되는 것이었습니다. 그렇지만 도둑의 일거리는 금새 없어집니다. 워낙 작은 왕국이라 조사할 신하의 수도 적었으니까요.

그래서 도둑은 왕에게 다른 제안을 했습니다. 일반 시민이나 상인 중에도 욕심이 많은 사람이 있을 수 있으니 자기가 그들을 찾아내겠다고 제안했습니다. 왕은 그 제안도 받아들였습니다. 도둑은 비밀경찰의 책임자가 되어 막강한 권력을 쥐게 되었습니다. 하지만 도둑이 하는 일은 아주 간단했습니다. 변장을 하고 부하 몇몇을 거느리고 시장통을 돌아다니면 되는 것이지요. 그러다 그림자가 큰 사람을 발견하면 잡아갔습니다. 대개 그들은 정치적 야심보다는 돈에 대한 욕심이 과한 사람들이었습니다. 왕의 입장에서는 그런 일도 그런대로 괜찮았습니다. 돈에 대한 욕심이 큰 사람들은 대개 왕에게 뇌물을 주고 풀려났습니다. 왕은 자기 재산을 불릴 수 있었고, 도둑은 비밀경찰 책임자 자리를 계속 유지할 수 있었습니다.

그러던 어느 날 시장을 돌아다니던 도둑은 깜짝 놀랐습니다.

자기가 지금까지 봐 온 것과는 비교도 되지 않을 정도로 큰 그림자를 가진 사람을 발견했기 때문입니다. 그 사람의 그림자는 온 시장을 덮을 수 있을 정도로 크고 넓었습니다. 그 사람의 직업을 확인한 도둑은 다시 한번 놀랐습니다. 그는 시장 한구석에서 사람들의 발 냄새 나는 신발을 고쳐 주면서 근근이 살아가는 신발 수선공이었던 것입니다. 도둑은 처음에는 그 신발 수선공이 신분을 숨긴 외국의 첩자이거나 혹은 지금의 왕에게 쫓겨난 이전 왕일 거라고 생각했습니다. 그래서 서두르지 않고 은밀히 신발 수선공의 주변을 조사했습니다. 신발 수선공을 조사하면서 도둑은 여러 차례 더 놀라게 됩니다.

신발 수선공은 외국의 첩자도 아니었고 더더구나 쫓겨난 왕과는 아무 관계가 없었습니다. 혹시 재산을 숨겨 놓은 부자인가 싶어 조사해 보았더니, 그는 동료 신발 수선공들보다 조금 더 재산을 모으기는 했으나 그들과 마찬가지로 가난뱅이였습니다. 하루 두 끼의 식사를 거르지 않으면 정말로 감사하게 생각하는 사람이었습니다. 저녁 반찬으로 생선 튀김을 먹을 수 있으면 그걸로 만족하는 욕심 없는 사람이었습니다. 도둑은 점점 더 신발 수선공을 의심하게 되었습니다. 무언가 큰 비밀이 있고 그 비밀을 감추기 위해 위장하고 있다고 확신했습니다.

도둑, 아니 비밀경찰 책임자는 신발 수선공을 잡아 감옥에 가두고 취조를 하기 시작했습니다. 주변 사람들에게도 신발 수선공의 비리에 대해 물어보았습니다. 그렇지만 신발 수선공에게서는 조그만 흠결도 찾아낼 수 없었습니다. 조급해진 도둑은 신발 수선공에게 스스로 알아서 큰 욕심에 대해 자백하라고 윽박질렀습니다.

며칠 동안 고민을 하던 신발 수선공은 어느 날 드디어 자기 욕심에 대해 자백하기 시작했습니다. 신발 수선공이 말하기를, 자기는 그것이 욕심인 줄은 몰랐으나 만일 욕심이라면 현세의 기준에 비추어 볼 때 어마어마한 욕심을 자기가 가지고 있다고 하였습니다. 도둑은 드디어 큰 건을 하나 했구나 생각하며 신발 수선공에게 욕심에 대해 자세히 자백하라고 윽박질렀습니다.

신발 수선공이 자백한 욕심은 다음과 같았습니다. "제가 사랑하는 사람이 있습니다. 저는 그 사람을 너무나 사랑합니다. 남아 있는 삶의 기간 내내 그 사람을 사랑하며 함께 살고 싶습니다."

이야기를 들은 도둑이 물었습니다. "사랑은 많은 사람들이 하는데 그게 왜 욕심인가?" 그러자 신발 수선공이 말했습니다. "제

사랑이 현세에 그치지 않고 내세에도 이어지기를 바라기 때문입니다. 다음 생에도 또 그 다음 생에도 이어지는 사랑을 하고 싶습니다. 이것은 기적을 바라는 마음이고 또 아무에게나 허락될 수 없는 너무나 큰 바람이기에 제 욕심이 큰 것이 맞습니다."

신발 수선공의 이야기를 들은 도둑은 허탈해졌습니다. 그렇지만 신발 수선공을 그냥 풀어 주자니 자기 권위가 떨어질 것이 걱정되었습니다. 그래서 엉뚱한 죄목으로 신발 수선공을 처벌하기로 했습니다. 누군가를 정말로 깊이 사랑한다는 죄목으로 처벌한다는 것이 어처구니없음을 알기 때문이었지요. 그래서 신발 수선공을 외국의 첩자로 둔갑시켜서 가혹하게 처벌하기로 결심했습니다.

그때였습니다. 오색의 구름이 오아시스 왕국을 덮으면서 관세음보살이 나타났습니다. 관세음보살은 인자한 미소를 띠며 신발 수선공에게 말했습니다. "아이야, 외출은 재미있었느냐? 이제 누명도 벗었으니 내 곁으로 돌아오도록 해라." 아! 신발 수선공은 관세음보살의 시동이었던 것입니다.

사람의 욕심을 보는 안경은 원래 관세음보살의 안경이었습니다. 그 안경이 어느 날 없어지자 관세음보살의 시동은 안경을 훔쳤다는 누명을 쓰고 오아시스의 왕국으로 추방된 것이었습니다. 관세음보살은 또 도둑에게 말했습니다. "그래, 너도 제자리로 돌아가야지." 도둑은 사실 관세음보살이 키우던 애완용 고양이였던 것입니다.

신발 수선공이 말했습니다. "고맙습니다만 저는 이승에 남아 억겁의 기간 동안 지속되는 윤회의 수레바퀴를 따라가겠습니다." 그러자 관세음보살이 온화한 미소를 띠며 말했습니다. "이제 너도 사랑의 고통이 주는 참 맛을 알게 되었구나. 그래, 고통은 고통대로, 환희는 환희대로 누릴 수 있게, 네 사랑을 찾아가도록 해라. 그렇지만 이제 이곳에는 머물 수 없으니 네 사랑과 함께 다른 곳으로 옮겨 주마."

신발 수선공은 관세음보살의 온화한 미소를 보며 스르르 잠이 들었습니다. 꿈속에서도 그는 사랑하는 사람과 함께 있었습니다. 그가 잠에서 깨어나는 순간 오아시스 왕국에서의 일은 기억 저편으로 아스라이 사라질 것입니다.

내세에서도 신발 수선공과 그가 사랑하는 사람은 다시 만날 거랍니다. 누가 남자로, 누가 여자로 태어날지는 관세음보살도 알지 못한답니다. 그리고 그것이 그리 중요한 일도 아니구요. 서로 사랑하는 사이에 누가 여자로, 누가 남자로 환생하느냐가 무슨 대수이겠어요?

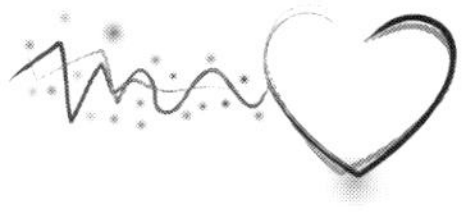

우리 사랑은 영원하리라

천국과 지하 세계의 전쟁이 20만 년째 계속되고 있었다. 천국의 수많은 천사들과 신선들이 전쟁의 와중에 죽거나 다쳤다. 지하 세계의 마귀와 악귀들도 무수히 많이 죽거나 다쳤다. 천국의 옥황상제와 지하 세계의 지옥 마왕은 더 이상 전쟁을 지속하기 힘든 상태가 되자 휴전 협상을 하여 10만 년간 휴전을 하기로 합의하였다. 휴전 기간 동안 천국과 지하 세계는 각자 세력을 키우기 위하여 힘써 노력하였다. 천국에서는 수많은 새로운 천사들이 배출되었으며, 지하 세계에서도 마귀와 악귀들이 많이 배출되었다.

견우는 원래 천상의 목장에서 소를 키우는 목동이었다. 천상의 소에서 나온 천유는 새로 태어난 천사들을 키우는 데 사용되었다. 직녀는 직조소에서 천사들이 입을 갑옷을 만드는 것이 주요 업무였다. 수많은 천사들을 키우고 또 입혀야 했으므로 천국의 목장과 직조소에서는 수많은 견우들과 직녀들이 일하고 있었다. 지하세계와의 전쟁에 대비하는 일이 급하였으므로 견우들과 직녀들의 연애는 금지되어 있었다. 대신 100년에 한 번씩 대천사의 주재로 견우와 직녀들의 합동 데이트와 결혼식이 열렸다. 결혼 이후에도 견우들과 직녀들은 정해진 날에만 만날 수 있었다. 그건 전쟁 준비에 소홀함이 없도록 하려는 천국 정부의 결정이었다. 견우들과 직녀들 사이에서 태어난 남자아이는 견우로 키워지고, 여자아이는 직녀로 키워졌다. 견우와 직녀는 하늘나라의 힘든 일을 도맡아 하고 있었던 것이다.

수많은 견우와 직녀 가운데 한 명의 견우와 한 명의 직녀가 우연한 기회에 만났고, 운명적으로 서로에게 끌림을 느꼈다. 개인적인 연애가 금지되어 있음에도 불구하고 둘은 몰래 사랑을 키워 갔다. 둘은 운명적으로 서로 사랑하는 사이가 되었다. 그렇지만 견우와 직녀의 사랑은 공식 허가를 받지 않은 금지된 사랑이었다.

견우는 천국의 목장 가장자리에 있는 정원에 몰래 둘만의 공간을 만들었다. 조금 작은 이인용 소파를 갖다 놓고 둘이 같은 방향으로 앉아서 사랑을 속삭였다.

어느 날 둘이 밀회를 하는 도중에 견우는 지하 세계에서 지옥 마왕이 보낸 자객이 천국에 숨어 있는 것을 발견했다. 지옥 마왕이 옥황상제를 암살하려고 보낸 자객이었다. 견우와 자객 사이에 격투가 벌어졌다. 그렇지만 견우는 단련된 자객에게 상대가 될 수 없었다. 자객은 백련정강으로 만든 비도를 날리며 견우를 쓰러뜨리려고 하였다. 견우는 마침 품에 지니고 있던 무쇠 뿔로 비도를 막으며 간신히 버텼다. 이 틈에 직녀는 달아나서 자객이 천국에 침입했음을 알렸다. 견우가 막 자객의 칼에 쓰러지려는 찰나에 다행히 천사들이 도착했다. 암살 계획이 발각되자 자객은 황급히 다시 지하 세계로 달아났다.

견우는 아주 큰 공을 세운 것이다. 그러나 동시에 견우와 직녀가 저지른 잘못도 드러났다. 금지된 사랑을 하고 있었던 것이 조사 과정에서 드러난 것이다. 천상계의 관리들은 견우와 직녀에게 벌을 주어야 한다고 힘주어 말하였다. 옥황상제는 자신의 목숨을 구해 준 견우에게 무언가 보답을 하고 싶었으나 규정 때문에 상을 주지 못하고 벌만을 주어야 했다.

그래서 하늘나라 밖으로 견우와 직녀를 추방하였다. 하늘나라 감사실 관리들은 규정을 어긴 견우와 직녀를 서로 만날 수 없게 멀리 떨어뜨려 놓아야 한다고 주장했다. 옥황상제는 마지못해 둘을 떨어지게 했다. 그러나 옥황상제는 마지막 순간에 약간의 융통성을 발휘하였다. 그래서 일 년에 하루는 서로 만날 수 있게 하자고 제안했고, 감사실 관리들도 이를 받아들였다. 그래서 견우와 직녀는 일 년에 하루 칠월칠석에 볼 수 있게 된 것이다

하늘나라에서 추방된 견우와 직녀, 그중에서도 견우는 처음에는 매우 낙담했다. 그래서 매일 맥주만 마시면서 하릴없이 지냈다. 그러다가 자신이 지닌 화학 지식을 이용해서 잠자는 약을 만들었다. 그래서 일 년에 363일은 잠들어 있다가 직녀를 만나기 하루 전에 잠에서 깨어나서 그 하루 동안은 다음날 직녀와의 만남에 대한 계획을 세우고 칠석날에 직녀를 만났고 또 헤어진 후에는 다시 잠들기를 1,000년을 반복했다.

그러다가 견우와 직녀는 자기들을 만날 수 있게 하기 위해 까치와 까마귀들이 너무나도 수고한다는 사실을 깨닫게 되었다. 그래서 둘은 까치와 까마귀들의 수고를 덜어 줄 방안을 찾다가 큰 다리를 놓기로 하였다. 그때부터 둘은 다리를 설계하고 벽돌을 찍고 강철 와이어 등을 만들며 분주히 움직였다. 364일은 순식간에 지나가고 칠석의 하루 휴가 동안 둘은 모처럼의 휴식을 맛보며 서로

에 대한 사랑을 더욱 다졌다.

다리를 만들려고 1,000년 동안 열심히 노력한 끝에 마침내 오작교가 만들어졌다. 까치와 까마귀가 만든 임시 다리가 아니라 철근 콘크리트와 강철 와이어, 그리고 눈부신 유리로 만들어진 현대식 다리였다. 그해 칠석에 둘은 마침내 완성된 다리 가운데서 만났다. 까치와 까마귀들은 이제 더 이상 고생하지 않아도 되었다.

그러는 사이 천국과 지하 세계의 휴전은 깨어지고 다시 전쟁이 시작되었다. 중무장 기병을 앞세운 천국의 군대는 견우와 직녀가 만든 다리를 이용하여 지하 세계로 진격하여 지옥 마왕의 군대를 크게 물리쳤다. 이에 옥황상제는 매우 기뻐하며 견우와 직녀에게 큰 상을 내리려 하였다. "이제 너희들은 매일 아무 거리낌 없이 만나도록 해라. 이건 내가 주는 큰 상이다."

그러자 견우와 직녀는 의외의 대답을 하였다. "옥황상제님의 뜻은 고마우나 이제 굳이 그리 안하셔도 됩니다." 의아한 옥황상제가 "왜?" 하고 다시 묻자 그들이 약속이라도 한 듯, 한 목소리로 말하였다.

"억겁의 세월 동안 저희 마음속에 서로에 대한 그리움이 싹트고 자라서 이제 저희는 서로 떨어져 있어도 마음이 통하며, 서로의 사랑을 멀리서도 느낄 수 있습니다. 일 년에 하루의 만남이 짧다고 생각할 수도 있지만, 364일 동안 정성스레 만남을 준비하는 즐거움도 나름대로 크답니다. 그리고 앞으로도 영원히 저희는 만날 수 있으니까요. 만나고 나서 헤어질 때 무척 아쉽기는 하지만, 그 대신 저희 사랑은 영원하답니다."

그러자 옥황상제는 머리를 끄덕였다. "그래, 너희 말이 맞을지도 모르겠다. 결혼한 천사와 선녀 부부도 2,000년쯤 지나니 서로의 사랑이 식고 무미건조한 사이가 되던데, 너희들은 사랑을 무한히 지속할 수 있으니까."

이후에도 견우와 직녀는 영원히 서로 사랑하는 사이로 남았다는 전설이 전해진다.

소나기를 기다리며

무더운 날이 계속되면서 대지는 뜨겁게 달구어졌고, 이글거리는 태양은 아스팔트도 녹일 기세이다. 그러더니 드디어 소나기가 세차게 내린다. 대지를 삼킬 듯이 거세게 쏟아 붓는다. 우산을 준비하지 않았던 나는 소나기에 흠뻑 젖는다. 그래도 마음은 상쾌하다. 더위도 가시고 공기도 맑아지고 하니까. 머리부터 발끝까지 흠뻑 젖은들 어떠리.

몸은 흠뻑 젖었지만 머릿속으로는 그와 나의 사랑이 소나기였으면 좋겠다는 생각을 한다. 그와의 사랑이 소나기처럼 찾아오기를 바란다. 뜨거운 날이 계속되고 대지가 큰 갈증을 느낄 때쯤에 소나기가 내리듯이. 사랑의 갈증을 느끼지만 아직 더 목말라 해야 한다는 걸 알면서, 사랑이 언제 시작될지는 모르지만 언젠가 시작되리라고 희망하면서.

예상하지 못한 순간에, 미처 준비하지 못한 상태로 그와의 사랑이 시작될 것이다. 우산을 준비하지 않은 날에 기습적으로 찾아오는 소나기처럼. 그와의 사랑에 대해서도 나는 우산을 준비하지 않을 것이다. 그냥 흠뻑 젖을 것이다. 그 사랑은 시원할 것이다. 여름 더위를 식혀 주는 소나기 줄기처럼. 큰 기쁨이며 고통일 것이다.

그리고 그 사랑은 언젠가는 그칠 것이다. 장맛비 아닌 맑은 여름날의 소나기가 그치듯이. 그러나 강렬한 소나기에 나는 이미 완전히 젖었을 것이다. 소나기가 언제 그칠지 모른다. 그렇지만 장맛비가 아니므로 머지않아 그칠 것이다. 그래도 세차게 내리는 사랑의 빗줄기는 나를 완전히 젖게 할 것이고 또 아무 생각도 할 수 없게 할 것이다. 그와 함께 그냥 사랑의 비를 맞을 것이다.

그와 함께 강을 건너다가 소나기를 만난다면? 그때에도 우리는 그냥 소나기를 맞을 것이다. 그러나 소나기는 적어도 우리가 느끼기에는 끝없이 내릴 것이고 강물은 금세 불어날 것이다. 우리는 불어난 강물에 휩쓸려 떠내려가다가 어느 모래톱에 닿을 것이다.

그곳이 어디일지 우리는 아직 모른다. 그냥 소나기를 기다리며 강을 건너는 중이니까. 어디로든 떠내려가면 우리는 그곳에 뿌리내릴 것이다. 어느 먼 모래톱까지 떠내려갈지도 모른다. 다음 해부터 그곳에는 조그만 패랭이꽃* 무더기가 자라날 것이다.

* 패랭이꽃(석죽) 꽃말: 순결한 사랑.

해바라기

그와 나는 하늘나라의 정원에 살았다. 우리의 모습은 다람쥐와 비슷하게 생겼다. 서로 쫓고 쫓기며 장난을 치면서 하늘나라의 정원을 마음대로 돌아다니며 놀았다. 옥황상제와 다른 신들도 우리를 귀여워해 주셨다. 우리는 하늘나라의 평화로운 시절을 상징하는 정원의 귀염둥이였다고나 할까.

그날은 하늘나라의 분위기가 다른 날과는 달리 꽤 엄숙했었다. 지금 생각해 보니 하늘나라와 지하 세계 사이에 평화 협정이 맺어지는 날이었다. 우리는 어렴풋이 다른 날과 분위기가 다르다는 느낌은 있었지만 크게 신경 쓰지 않고 평소처럼 정원을 휘젓고 다니며 놀았다. 그러다 그만 협정을 체결하는 테이블 위에 올라가게 되었고, 잠시 서류뭉치가 섞이고 날리는 소동이 벌어졌다. 바다와 같이 마음이 넓으신 옥황상제도 얼굴을 살짝 찡그리시고는 가볍게 우리를 나무라셨다. "어허, 얘들아, 다른 데 가서 놀도록 하렴!"

거기서 장난을 멈추었으면 우리는 아마도 지금까지 쭈욱 하늘나라 정원에서 행복하게 살고 있을 것이다. 그런데 우리는 하늘나라 정원에서 서로 장난치며 살도록 설계된 존재였기에 거기서 멈출 수 없었다. (물론 우리의 설계자를 탓하는 건 아니다!) 우리는 계속 정원에서 장난을 치며 놀았다. 그래도 회담장 부근에는 의식적으로 가지 않았다.

옥황상제와 지옥 마왕은 평화 협정을 순조롭게 마무리 지은 후에 같이 식사를 하셨고, 식사 후에는 커피 잔을 들고 같이 하늘 정원을 산책하는 중이었다. 우리는 미처 그 사실을 알지 못하고 계속 정원에서 장난을 치다가 갑자기 두 분 앞에 뛰어들었다. 커피를 마시던 지옥 마왕은 놀라서 그만 흰 수염에 커피를 쏟았다. 그가 1만 년 동안 공들여 다듬은 흰 수염에는 칙칙한 갈색 커피 얼룩이 생겼다. 지옥마왕은 일그러진 표정으로 억지 미소를 지으며 옥황상제에게 말하였다. "얘들이 무척 귀엽군요. 마침 평화 협정도 순조롭게 마무리되었는데, 기념으로 제가 데려다 키우고 싶군요. 허락해 주실 거죠?"

우리는 순간 얼음처럼 굳었다. 지하 세계는 차갑고 어두우며 음습한 분위기인 것을 너무나 잘 알고 있었기 때문이다. 어쩌면 우리가 지옥 마왕의 간식거리가 될 수도 있겠구나 생각하니 너무나 무서웠다. 옥황상제는 겸연쩍게 웃으며 말씀하셨다. "아이쿠, 얘들이 또 결례를 했군요. 제가 확실하게 벌을 주도록 하겠습니다. 그런데 얘들이 여기서 볼 때는 귀엽지만 지하 세계에는 썩 어울리지는 않을 것 같기도 하구요. 인간 세계로 내려보내서 충분히 반성할 시간을 갖도록 하겠습니다." 그리 말씀하시고는 우리를 바로 인간 세계로 추방하셨다.

인간 세계로 추방되면서 우리는 인간의 모습으로 변하였다. 인간 세계에서도 우리는 서로 쫓고 쫓기며 살았다. 우리는 하늘나라에서 내려온 존재이기에 여타 인간과는 다르게 계속 살 수 있었다. 태어나서 살다가 죽으면 바로 다시 태어나곤 했다. 물론 전생에 대한 기억은 아주 흐릿하거나 없었던 것 같다. 여기까지 이야기하면 이것은 벌이 아니라고 생각하는 사람도 있을 수 있겠다. 그러나 옥황상제는 우리에게 충분한 벌을 내리셨다. 그것은 우리가 지상 세계에서도 서로 쫓고 쫓기는 존재였다는 것이다. 하늘나라에서처럼 장난이 아니라 이곳에서는 치열하고 고통스러운 사랑의 갈구로.

우리는 수없이 태어나서 살다가 죽기를 반복하였다. 그러나 서로의 존재를 알게 되고 사랑에 빠질 즈음에는 헤어짐의 고통이 우리를 찾아왔다. 평생을 막연한 그리움과 외로움 속에 지내다 운명같이(아니, 사실은 운명으로) 서로를 만나면 우리는 바로 서로에게 끌렸다. 그리고 바로 사랑하는 사이가 되었다. 평생을 기다린 사랑에 빠지는 데에는 30분이면 충분했던가? 아니, 그냥 처음 만남에서부터 바로 사랑에 빠진 것 같다. 그러나 그 사랑은 얼마 가지 못하고 우리 둘 중의 하나는 바로 생을 마감해야만 했다. 마치 봄눈 녹듯이, 찬란하고 아름다운 우리의 사랑은 바로바로 스러져 갔다.

고려 시대에 나는 그(녀)와 사랑에 빠져 결혼하고 사흘 후에 바로 몽골 군과 싸우기 위해 출정했고 전투에서 창에 찔려 죽었다. 조선 시대에는 진달래꽃이 만발한 봄에 결혼하였다. 그리고는 결혼식 때 마신 술의 숙취가 깨기도 전에 그는 의병으로 출정하여 왜군에 맞서 싸우다가 장렬히 전사하였다.

사랑을 갈구하고 만나고 그리고 그 사랑이 봄눈 녹듯 스러져 가는 과정을 무수히 거친 후에 우리는 비로소 깨달았다. 이 괴로움은 바로 우리가 받는 벌이라는 것을. 옥황상제는 온화하고 자비로운 분이라서 차마 지옥 세계에 끌려가게 두지는 않았지만, 우리가 저지른 잘못에 대한 벌은 분명히 받게 하신 것이다.

그런 사이에 그는 나보다 먼저 이 모든 일의 전모를 깨달았던 것 같다. 그는 고결한 인품을 갖추기 위해 노력했고, 자신의 잘못을 반성하며, 헤어지는 고통의 굴레에서 벗어날 수 있게 해 달라고 빌었던 것 같다. 그는 어느 날 아주 멀리멀리 날아갔다. 그가 어디로 갔는지 나는 아직까지도 모른다. 생의 마감 순간에 잠시 허락된 만남의 시간에도 그는 나타나지 않았다. 그러기를 몇 번 반복한 후에야 나는 비로소 깨달았다. 이제 그는 여기에 없거나 적어도 다시 오지 않겠다는 것을.

내 잘못이 조금 더 컸기에 지상 세계에 나를 더 머물게 하신 것인지도 모른다. 아무튼 그가 없는 지상 세계의 삶은 더 무미건조해졌다. 그래서 나도 옥황상제에게 기도하였다. 이제는 반복되는 헤어짐과 다시 만나는 고통에서 정말로 벗어나고 싶다고. 얼마나 간구했는지 모른다. 오랜 기도의 덕일까. 나는 헤어짐과 다시 만나는 고통이 없는 삶을 살 수 있게 되었다.

나는 영원한 기다림의 삶을 사는 존재로 다시 태어났다. 나는 밝은 빛이 공간을 채우고 넘쳐날 때마다 나를 깨운다. 해가 뜨면 나는 내 몸의 모든 감각 기관을 다 열고 그를 찾으려고 우주 저 멀리 빛의 근원을 깊이 응시하며 그를 찾아본다. 이렇게 밝고 빛나는 빛의 근원에 그가 있으리라 믿기에. 내 마음은 열리고 몸(꽃)은 더 푸근하게 퍼진다. 저녁이 되어 빛이 서서히 사라지고 마침내 어둠이 찾아오면 나는 내 몸을 접고 다시 내일 아침을 기다린다. 빛이 나를 찾을 때까지. 그래도 이렇게 끝없이 그를 찾고 기다리는 것이, 헤어지고 만나고 또 헤어지는 영겁의 고통보다는 나은 것 같다. 적어도 지금까지는.

가시 괴물

아득히 오랜 옛날의 이야기입니다. 높은 산들이 줄지어 서 있고 그 산들 사이에는 큰 호수가 자리잡고 있었습니다. 봄이면 산에는 봄꽃의 향기가 가득했고, 꽃이 만발한 산의 풍경이 호수에 비치기도 하였습니다. 여름에는 가끔 태풍이 와서 큰 산과 호수를 휘젓기도 하였습니다.

가을에는 따사로운 햇살이 호수와 산을 비춰 주곤 했지요. 가을에서 겨울로 계절이 바뀔 때에는 가랑비가 내리면서 계절의 변화를 재촉하곤 하였습니다. 한겨울에 호수는 꽁꽁 얼어서 어린아이들의 놀이터가 되어 주었고, 때로는 얼음낚시를 하는 어른들에게 자리를 내어 주기도 하였답니다.

호숫가 근처 마을 사람들은 물고기를 잡아서 먹거나 시장에 내다 팔면서 살았습니다. 아침에는 물고기 죽과 튀김, 점심에는 매

운탕, 저녁에는 물고기 조림 등 거의 매 끼니마다 물고기를 먹었답니다. 그러다 보니 먹고 남은 물고기의 뼈가 매일 나왔습니다. 마을 사람들은 물고기 가시를 호숫가 근처 웅덩이에 버렸습니다. 오랜 세월이 흐르자 웅덩이에는 물고기 가시들이 가득 쌓이게 되었습니다.

그러던 어느 날 폭풍우가 몰아치며 하늘에서 번개가 번쩍하더니 호숫가에 내리쳤습니다. 무시무시한 번개가 여러 번 가시가 쌓여 있는 웅덩이에 떨어졌습니다. 그러자 놀라운 일이 벌어졌습니다. 번개를 맞은 물고기 가시들은 하나하나 살아나기 시작하더니 이내 자기들끼리 뭉치기 시작하였습니다. 뭉친 가시들은 곧 사람의 모양으로 변하였습니다. 사람 모양을 한 가시 괴물은 마을로 들어가서 닥치는 대로 가축과 사람들을 잡아먹기 시작했습니다. 사람들은 칼과 창으로 가시 괴물에 대항했지만 소용이 없었습니다. 칼로 가시 괴물의 사지를 잘라도 가시들이 다시 뭉쳐서 원래의 모습으로 돌아갔습니다.

마을 사람들은 공포에 잠겼습니다. 이때 야생 고양이들과 친하게 지내던 아이가 어른들에게 말했습니다. "가시 괴물은 제 고양이 친구들이 해치울 수 있어요." 사람들은 믿기지 않았지만 일단 시켜 보기로 하였습니다. 그 아이는 곧바로 마을 근처 숲에서 야생 고양이 친구들을 데려왔습니다. 야생 고양이들은 가시 괴물을 보자 바로 달려들었습니다. 가시 괴물은 팔과 다리의 가시로 고양이들에게 대항했지만 소용이 없었습니다. 고양이들은 가시 괴물의 팔과 다리, 몸통의 가시들을 맛있게 먹기 시작하였습니다. 가시 괴물로 변하기는 하였지만 아직 생선 가시 맛이 남아 있었던 것이지요. 순식간에 야생 고양이들은 가시 괴물을 모두 먹어치웠습니다. 마을 사람들은 야생 고양이들에게 무척 고마워했습니다. 그리고 그중 몇몇은 먹이를 줄 테니 같이 살자고 고양이들에게 부탁했습니다. 아마도 가시 괴물에 크게 놀라서 그런 괴물이 또 나타날지도 모른다고 생각한 때문이겠지요.

이때부터 사람들은 야생 고양이들과 같이 살게 되었답니다. 야생 고양이들은 자기들이 사람들을 구해 주었다고 생각하기에 다소 거만한 표정을 지으며 사람들을 대하게 되었구요. 그래서 고양이들은 지금도 주인(?)에게 별로 아부하지 않고 자존심을 지키며 살고 있는 거지요.

이런 모습을 보는 개들의 마음은 편치 않았습니다. 개들은 자기 주인에게 절대 복종을 하며 살고 있었습니다. 그런데 어쩌다 한

번 가시 괴물을 물리쳤다고 자기 주인을 거만하게 대하는 고양이가 무척 아니꼬웠습니다. 그래서 틈만 나면 고양이를 괴롭힌답니다.

가시 괴물이 나타났다 사라진 이후에 마을 사람들의 행동에도 큰 변화가 생겼습니다. 그것은 쓰레기를 아무데나 버리지 않는 것입니다. 쓰레기 더미 속에서 혹시 다른 괴물들이 출현할까봐 쓰레기는 항상 봉투에 담고 꽁꽁 묶어서 쇠로 된 통 속에 넣는 것이랍니다. 번개에 맞지 않게 하려고.

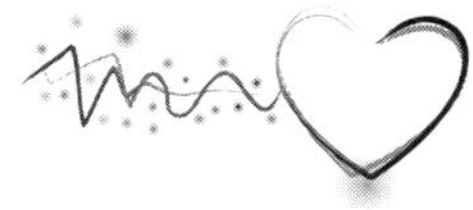

잠자리의 꿈

계곡을 지나는 바람이 아직 차갑게 느껴지던 어느 봄날 나는 알에서 깨어났다. 부모님들도 잠자리였겠지만 뵌 적은 없다. 내가 알에서 깨어난 곳은 어느 산골 계곡의 차가운 물속이었다. 알 속은 조금 비좁기는 했으나 그런대로 평안하고 안온한 곳이었다. 그래서 깨어난 후 처음 얼마간은 물이 너무 차갑게 느껴졌다. 그러나 차가운 물에도 곧 익숙해졌다.

나는 본능이 이끄는 대로 주변에서 먹이를 찾았다. 봄기운이 점차 퍼지면서 물속에는 내 먹이가 될 만한 작은 생명체들이 늘어갔다. 자그마한 물벼룩을 잡아먹기도 하고 어떤 날은 이름도 모르는 작은 애벌레들을 잡아먹기도 하였다. 주위에는 나처럼 알에서 깨어난 잠자리 애벌레들이 여럿 있었다. 우리는 서로에 대해 궁금한 점도 많았지만 서로 물어보거나 알려고 하지는 않았다. 각자 자신의 삶을 유지하는 것이 너무나 버거웠기 때문일 것이다.

봄 햇살이 꽤 따사롭게 느껴지던 어느 날, 내가 살고 있는 계곡에 식구가 갑자기 늘어났다. 개구리 알들이 부화해서 올챙이들이 태어난 것이다. 올챙이들은 우리의 먹잇감 노릇을 톡톡히 했다. 나는 근육에 힘이 붙고 몸이 커지면서 이제 작은 물고기들도 사냥할 수 있게 되었다. 송사리 새끼들은 큰 눈을 뜬 채 나에게 먹히기도 하였다. 때로는 스치듯 미안한 마음이 들기도 하였으나 어쩌랴! 먹지 않으면 내가 배고프고 또 힘이 떨어져서 큰 물고기의 밥이 되는 것을.

열심히 먹이를 먹고 몸이 어느 정도 커지자 몸속에서 하늘이 뒤집히는 듯한 변화와 고통이 자라는 것을 느꼈다. 몸이 자랄 때마다 나는 머리에서 꼬리까지 껍질을 벗는 고통 속에서 좀 더 커진 새로운 몸으로 태어났다. 처음의 경험은 너무도 고통스러워서 다시는 되풀이하고 싶지 않았다. 그러나 내 몸이 자라면서 고통의 순간은 몇 번이고 다시 찾아왔다.

어느 날 내 몸에 지금까지와는 다른 변화가 오고 있음을 느꼈다. 겨드랑이 부근이 가려워지면서 무언가 몸속에서 자라고 있는 느낌을 받았다. 그랬다! 날개가 몸속에서 자라고 있었던 것이다.

어느 초가을 아침 나는 물 밖으로 기어 나왔다. 몸 안의 변화가 급작스럽게 이루어져서 머리가 어지럽고 하늘이 노래졌지만, 있는 힘을 다해 물가의 억새풀 위로 기어 올라갔다.

나는 새들의 눈에 안 띄게 잎새 뒤에서 앞다리로 억새풀을 꽉 움켜쥐었다. 그리고 그 후 몇 시간 동안 내게 일어난 일은 사실 잘 기억나지 않는다. 나는 삶과 죽음의 경계에서 내 몸이 변하는 것을 죽을 힘을 다해 견디고 있었던 것 같다. 머리 윗부분이 찢기면서 또 다른 내가 서서히 몸속에서 나타났다. 겨드랑이 부근에서 자라던 날개는 천천히 펴지고 이내 피가 돌면서 조금씩 날갯짓을 할 수 있게 되었다.

마치 누군가에게 미리 배우기라도 한 것처럼 나는 힘차게 날갯짓을 하며 하늘로 날아올랐다. 높은 하늘에서 보니 내가 살던 개울가가 조그맣게 보였다. 주변을 둘러보니 나와 같이 개울가에서 자라던 친구들도 어느새 날갯짓을 하면서 주위를 날아다니고 있었다. 안타깝게도 몇몇은 끝내 보이지 않았는데, 아마 날개를 펴는 고통의 순간을 넘기지 못하고 죽거나 사마귀에게 잡아먹힌 것 같다.

나는 모기나 파리 등을 잡아먹으며 하늘을 날아다녔다. 물 속에 있을 때에는 돌 틈에 숨어 있기만 하면 비교적 안전했지만, 넓은 하늘에는 안전한 곳이 없었다. 어디선가 갑자기 덩치 큰 참새가 나타나 친구들을 채가기도 하였다.

그렇게 하늘을 날며 살던 어느 날 나는 내 피 속에 무언가가 흐르는 것을 느꼈다. 그리고 내 마음이 이끄는 대로 한 친구를 만나게 되었다. 우리는 서로를 원하는 것을 몸의 느낌으로 알고 있었으므로 서로 많은 말을 할 필요가 없었다. 우리는 짝짓기를 하고 알을 물가에 뿌리고 있었다.

그런데, 아뿔싸! 서로에게 너무 끌려 주위를 살피지 못한 그 순간 무언가 둔탁하고 끈적끈적한 것이 내 몸을 때리고는 나를 끌고 가는 것을 느꼈다. 내 짝은 다행히 둔탁한 것을 피해 하늘로 날아올랐다. 아! 나는 개구리에게 잡힌 것이다. 개구리 입속으로 들어가는 찰나에 나는 그의 눈을 보았다. 무심한 눈빛이었으나 익숙한 눈빛! 그는 나와 같이 계곡에서 자랐던 이웃이었다.

나는 눈으로 개구리에게 말했다. '너무 미안하게 생각하지는 말게.' 그리고 또 그의 친구들을 잡아먹은 것에 대해서도 눈으로 사과했다. '굶지 않기 위해서는 어쩔 수 없었네.' 내 맘을 아는지 모르는지 그의 눈은 그저 무심했다.

개구리 뱃속에서 내 삶의 끈은 끊어졌지만 이상하게도 내 몸의 마디마디는 다시 살아났다. 이제 나는 개구리가 된 것이다! 나는 그의 근육이 되었다. 그의 눈이 되어 세상을 다시 본다. 내 피는 그의 자양분이 되어 다리를 움직이고.

개구리와 나는 하나가 되었다가 어느 날 참매에게 잡아먹혔다. 그 참매는 멀리 어딘지 모르는 곳을 향해 날아갔다. 개구리와 나는 그쯤에서 우리의 삶에 평화를 주기로 하였다. 생각해 보면 꽤 길고 고단한 삶이었던 것 같다고 생각하며.

한편, 나와 짝짓기한 친구는 물가에 있다가 쏘가리에게 잡아먹혔다. 그리고 그 쏘가리는 큰물이 났을 때 바다까지 떠내려갔다고 한다. 내 친구는 바닷가 어느 깊은 곳에서 쉬고 있을지 모른다. 우리는 언제 다시 만날 수 있을까? 만날 수 있더라도 서로를 알아볼 수 있을까? 영겁의 세월이 흐른 후에 서로를 못 알아본들 어떠리.

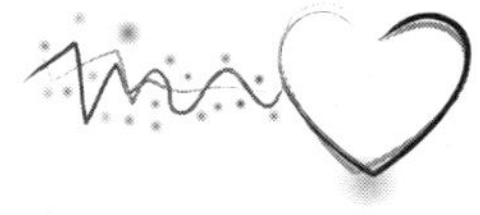

뱀파이어와의 전쟁

나는 원래 지옥계의 대마왕으로 수많은 만행을 저지르며 악명을 떨치고 있었다. 어느 날 문득 나의 행동에 염증을 느끼고 무자비한 악행을 멈추었다. 그리고 지난날을 반성하며 속죄하는 마음으로 선행을 베풀기 시작하였다. 어느덧 억겁의 세월이 흘렀고, 다행히 나는 지난날의 과오를 모두 용서받았다. 지하 세계의 장수로 거듭난 나는 염라대왕의 두터운 신임을 받았다.

그때 지상계는 그야말로 아수라장이 되어 있었다. 봉인된 관에서 탈출한 드라큘라 백작은 뱀파이어 군단을 조직하여 인간과의 전쟁에 들어갔다. 지상계에는 뱀파이어들이 넘쳐났다. 뱀파이어와 전쟁을 치르면서 인간 세상은 더욱 타락했다. 그래서 사악하고 악랄한 인간들이 넘쳐나게 되었다. 사람들이 죽은 후에 그들의 생전의 삶을 평가하고 잘못을 벌 주는 염라대왕의 업무가 크게 늘어난 것은 물론이다. 과중한 업무에 시달리던 염라대왕은 마침내 결단을 내려 내게 뱀파이어들을 퇴치하라고 명하셨다. 명령을 받은 나는 지하 세계를 떠나 곧바로 지상으로 올라왔다.

내 임무는 뱀파이어들을 퇴치하고 그들의 두목인 드라큘라 백작을 붙잡아 다시 관 속에 봉인하는 것이었다. 나는 아리따운 여인의 모습으로 변하여 목덜미 부분을 약간 노출시킨 채 밤길을 걸으면서 뱀파이어들을 유인하였다. 활동 시기는 주로 여름이었다. 왜냐하면 미끼로 내 목덜미를 노출시켜서 뱀파이어들을 유인해야 하는데, 추운 겨울에 그러는 건 좀 춥기도 하거니와 이상하기도 하니까.

뱀파이어들은 수시로 나를 공격했다. 내 목덜미를 무는 순간 뱀파이어들은 내 몸속으로 빨려 들어갔다. 뱀파이어들은 내가 미끼임을 알면서도 본능과 피의 굶주림 때문에 어쩔 수 없이 계속 공격했고, 그때마다 나에게 빨려들었다. 꽤 오랜 동안 부지런히 뱀파이어들을 빨아들인 덕분에 지상계에 있던 뱀파이어들은 거의 모두 나에게 흡수되었다.

드디어 드라큘라 백작과의 운명적 대결이 이루어졌다. 나는 내가 가진 극강의 무기인 지옥계의 불채찍으로 맞섰고, 그는 차갑고 예리한 백련강철검으로 맞섰다. 치열한 격투가 이어졌고 결국 둘 다 치명상을 입었다. 드라큘라 백작은 내가 휘두른 불채찍에 몸통을 맞고는 상처를 치유하기 위해 자기 관 속으로 퇴각했다. 이제 그는 상처 치료를 마치려면 천 년 동안 관 속에 머물러 있어야 한다. 그래서 일단 천 년 동안은 그의 만행을 막을 수 있게 된 것이다.

그렇지만 그는 마지막 순간에 혼신의 힘으로 백련강철검을 휘둘렀고, 예리한 검강이 내 가슴과 목을 관통했다. 불같이 뜨거우면서 사금파리 조각에 베이듯 차갑고 날카로운 고통이 온 몸으로 퍼지는 것을 느끼며, 나는 검고 깊은 호수로 떨어졌다. 내 안에 봉인된 뱀파이어들도 나와 같이 영원히 호수 속에 잠길 운명이었다.

그때였다. 서쪽 나라의 신(神)이 자비로운 모습을 드러내셨다. 그리고 수많은 반생명(半生命)들에게 자비를 베풀었다. 내 몸속에 봉인되어 있던 뱀파이어들은 하나씩 둘씩 목과 가슴의 상처를 통해 기어 나와서 새 생명을 얻은 것이다. 물론 뱀파이어의 거친 마성(魔性)은 거의 사라졌고, 또 사람에게 치명적인 상처를 입힐 힘도 이제는 없었다. 그렇지만 피를 빠는 습성은 버릴 수 없었나 보다. 그리고 피를 빨기 위해 밤하늘을 날아다닐 때 내는 기분 나쁜 괴성은 지금도 마찬가지이다. "애앵~."

그들은 지금도 목덜미를 드러낸 사람을 보면 그냥 지나치지 못하고 피를 빨기 위해 그들의 단검을 목덜미에 깊숙히 찔러 넣는다. 설사 그것이 그들 생의 마지막을 재촉하더라도. 여름밤을 좋아하는 뱀파이어의 습성도 그대로 닮았다.

나는 신(神)의 보살핌으로 상처를 치유하고 지하 세계로 돌아갔다. 내가 흘린 피는 연기가 되어 날아갔다. 뱀파이어의 환생들은 아직도 내 피가 변한 연기를 아주 싫어한다고 한다. 환생한 뱀파이어들은 냄새나는 목덜미를 특히 좋아한다고 한다. 그래서 그렇게 전해졌나 보다. 뱀파이어의 환생들에게 물리지 않으려면 목과 팔 등을 깨끗이 씻어야 한다고.

큰 나무가 들려준 이야기

마을 뒤에는 아담한 동산이 있다. 그곳에는 여러 종류의 나무와 생명들이 어울려 살고 있다. 마음이 어지럽거나 부질없는 욕심이 고개를 내밀 때, 혹은 그냥 머릿속을 비우고 싶을 때 나는 동산에 오른다. 그리고 그곳에 있는 풀, 나무, 작은 돌, 조그마한 바위, 수풀 위로 흐르는 구름과 이야기를 나눈다. 아니 어쩌면 또 다른 나하고 이야기를 하거나 그냥 침묵 속에 빠져 있는 것인지도 모른다.

그날은 늦은 가을날이었다. 나는 가을에 취해 무엇에 끌리듯이 동산에 올랐다. 작은 단풍나무와는 지나간 여름에 대해 이야기하며 훌쩍 큰 것을 축하해 주었다. 내 눈에 보이지는 않았지만 나를 지켜보며 도토리 만찬을 즐기는 다람쥐에게는 걱정하지 말라고 이야기했다. 도토리 안 빼앗아 간다고.

그렇게 꽤 오랜 시간 동산을 거닐었나 보다. 동산에는 제법 큰 나무가 여러 그루 있었는데, 어느 틈엔가 나는 그중 한 나무와 이야기를 나누고 있었다. 나무는 담담하게 자기가 살아온 인생에 대해 이야기했다. 나는 나뭇등걸을 쓰다듬으며 나무의 이야기에 동의하기도 하고, 가끔은 그 다음 이야기가 궁금해져서 나무를 재촉하기도 했다.

대개의 나무들이 그렇듯이 그 나무도 어느 해 봄에 땅속에서 조그맣고 부드러운 연두색 싹을 하늘로 내밀며 세상에 나왔는데, 주변을 보니 비슷한 또래 친구들이 꽤 많았다고 한다. 그들과 경쟁하고 때로는 서로 도우며 지금껏 살았다고 했다. 조금이라도 더 많이 햇볕을 쬐려고 잎을 활짝 벌리기도 했고, 더 높이 자라려고 머리를 내밀기도 했으며, 또 한 모금이라도 더 빨아들이려고 뿌리를 사방으로 뻗으며 서로 엉키기도 했다고 했다.

여름이 되면 찌는 듯한 더위와 함께 가끔 세찬 비바람을 동반한 폭풍우가 나무들을 모두 날려버릴 기세로 맹렬하게 휘몰아치곤 했다고 한다. 실제로 폭풍우를 견디지 못한 약한 나무들은 장대비 속에 뿌리째 뽑혀서 어디론가 날아가 버렸다고 한다. 그 후 그 친구들 소식을 들은 나무는 아무도 없다고. 그 친구들은 풍요로운 여름날에 지표면의 물기만 빨아들이고 깊이 뿌리내리기 싫어했었다고 한다.

깊은 가뭄으로 대지가 메마른 해에는 큰 나무들은 뿌리를 땅속 깊이 내려서 한 모금의 물이라도 더 빨아들여 높은 곳에 있는 잎사귀에 전해 주었다고 한다. 잎사귀의 목마름을 안타까워하며. 세월이 지나면서 나무들은 조금씩 더 자랐고, 땅속으로도 더 깊이 뿌리를 내렸다고 한다. 그래서 웬만한 폭풍우는 혼자서도 견딜 수 있게 되었지만 아주 심한 폭풍우가 몰아쳐 오는 날에는 아직도 무섭다고 한다. 그럴 때에는 폭풍우에 맞서기보다는 서로의 몸을 의지한 채 폭풍우에 처분을 맡기고 그냥 눈감고 바람의 리듬을 따른다고 한다.

한창 자랄 때에는 서로 조금이라도 더 따스한 햇볕을 받으려고 목을 길게 내밀고 손도 뻗었었다. 그렇게 길게 뻗은 손들이 서로 엉키기도 했고, 엉킨 손들이 폭풍우에 그대로 잘려나가 멀리 날아가기도 했단다. 그렇게 잘려나간 상처들은 이제 다 아물었지만 그래도 아픈 기억들은 그대로 남아 있다고. 그리고 지금도 폭풍우 부는 날에는 상처가 아문 곳이 서로 부딪치고 쓸리지만 다행히도 상처가 아문 곳들은 다른 데보다 더 단단해서 웬만한 부대낌 쯤은 충분히 견뎌 낼 수 있다고 한다.

이제는 햇볕을 놓고 서로 다투지는 않는다고 한다. 물론 약간의 실랑이는 있지만 폭풍우 속에서는 서로 의지도 하면서 나무들은 그냥 별 생각 없이 오늘 하루도 따스한 햇볕을 쬐는 중이란다. 자라나는 새싹들을 높은 곳에서 지켜보며. 언젠가는 나무들도 삶을 마무리하겠지. 그럼 그 후는? 있으면 덤이고 없어도 그만이란 생각, 그냥 원자로 어디 먼 우주를 떠돌고 있거나 아니면 뜨거운 에너지로 변해서 심장을 태우고 있을지도 모른다. 지금은 아무 생각 없이 오늘 하루를 보내는 중이라고.

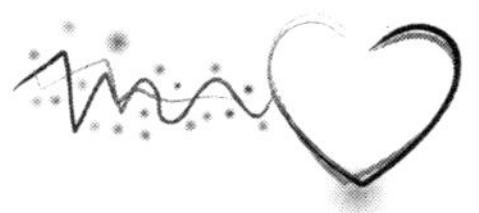

사랑의 수목원

드넓은 태평양 한가운데에 제법 큰 섬이 있었습니다. 옛날부터 외부와 떨어진 그 섬에는 순박한 사람들이 평화롭게 서로 어울려 살고 있는 왕국이 있었습니다. 그런데 오랜 기간 동안 외부와 떨어져서 살다 보니 사람들에게 특별한 능력이 생겼습니다. 그것은 식물, 그중에서도 나무들과 교감할 수 있는 능력이었습니다.

사람들은 나무를 많이 가꾸었습니다. 그리고 자기가 좋아하는 나무를 쓰다듬으며 자기 고민을 털어놓기도 하였고, 그러면 여기에 화답하듯이 나무들은 은은한 향과 무언의 말, 신선한 피톤치드, 바람에 떨리는 잎의 움직임 등으로 자기 의견을 이야기하고, 삶에 지친 사람들을 위로하였습니다.

섬에는 사랑의 수목원이 있었습니다. 그곳에는 수많은 종류의 나무들이 자라고 있었고, 또 묘목원도 있었지요. 참나무, 소나무, 전나무, 단풍나무, 대나무, 바오밥나무, 느티나무, 느릅나무, 은행나무, 목련, 개나리, 진달래, 벚나무, 맹그로브 나무 등등.

섬 아이들은 사춘기가 되면 수목원에서 두 종류의 나무 묘목을 받아와서 각자 자기 집 뜰에서 키웠습니다. 그리고 나무들과 매일 무언의 대화를 하였습니다. 그러면 나무의 정령은 어느새 아이들의 마음과 몸속으로 들어가 아이 마음의 일부가 되었답니다.

귀엽고 지혜로운 한 소년은 사춘기가 되자 섬의 여느 사춘기 아이들과 마찬가지로 수목원에 들러 두 가지 묘목을 받았습니다. 그 소년이 선택한 묘목은 참나무(오크)와 대나무였습니다. 소년은 대나무와 참나무 묘목을 심고 정성스럽게 가꾸며 나무들과 대화를 했답니다. 시간이 지나면서 소년의 심성은 점차 대나무와 참나무를 닮아 갔습니다.

그러던 중에 소년은 아름다운 소녀를 만나 서로 사랑하는 사이가 되었습니다. 물론 소년의 소녀에 대한 사랑은 대나무를 닮았고, 또 참나무를 닮았답니다.

소년의 사랑은 대나무를 닮았습니다. 오랜 기간 동안 땅속에서 은인자중하고 있다가 자랄 때가 되면 순식간에 땅을 박차고 나와 하늘을 향해 거침없이 솟아나는 대나무처럼, 소년은 자신이 사랑하는 소녀에게로 거침없이 다가갔습니다. 물론 그전에 꽤 오랜 동안 소녀에게 다가가기 위한 준비를 했지만 처음 만날 때부터 무언가에 끌린 것처럼 소녀에게 다가가 소녀의 머리카락을 쓰다듬었습니다. 소년의 사랑은 하늘을 향해 죽죽 뻗는 대나무처럼 직선적이고 강직합니다. 그러면서도 마치 대나무 속이 비어 있는 것처럼 욕심을 버리고 자신을 비웠습니다.

소녀에 대한 사랑이 강렬한 만큼 마디 있는 대나무처럼 사랑을 절제할 줄도 알았지요. 소녀에 대한 사랑의 단단함은 날카로운 칼에도 견디는 대나무를 닮았습니다.

소년의 사랑은 참나무도 닮았습니다. 더운 여름과 추운 겨울을 버티며 참나무는 매년 나이테를 하나씩 늘려 갑니다. 날이 추우면 나무는 더 단단해지지요. 소녀와의 사랑이 항상 순탄하기만 할 수는 없었겠지요. 사랑이 어려움에 처할 때에도 소년은 꿋꿋하게 중심을 잡으며 사랑의 나이테를 하나씩 늘려 나갔습니다.

사랑이 켜켜이 쌓인 나이테가 어느 정도 두께가 되었을 때 마침내 참나무는 오크통으로 변신할 겁니다. 소년은 그 오크통에서 사랑의 포도주나 위스키를 숙성시킬 겁니다. 오크통에 있는 사랑의 향은 그대로 포도주나 위스키로 옮겨 갈 것입니다. 그래서 소녀와의 사랑이 숙성되었을 때 두 사람은 사랑의 포도주나 위스키로 같이 건배하며 자기들이 지나온, 그리고 앞으로 같이 갈 사랑의 여정을 음미하며 축복할 것입니다.

여담이지만 소녀와 소년들은 한 사람이 두 가지 묘목만 선택할 수 있답니다. 욕심이 지나친 소녀와 소년들은 사랑을 더 풍성하게 하기 위해서 여러 가지 묘목들을 훔쳐다 심기도 하였답니다. 그러나 그렇게 욕심을 부린 소녀와 소년들은 대부분 사랑의 어려움을 겪었답니다. 그건 성질이 조화되지 않는 나무들을 같이 키웠기 때문이지요. 예를 들면 봄에 피는 목련과 가을에 아름답게 물드는 단풍나무를 같이 키운 아이들은 사랑의 엇박자에 고생하곤 했답니다. 어떤 아이들은 눈앞의 즐거움에 취해서 벚나무를 선택하기도 하는데, 결국 화려하긴 하지만 순간적으로 지나가는 즐거움 뒤에 무미건조한 지루함이 기다리는 사랑으로 이어지기도 하였답니다.

여름밤의 꿈

7월 한낮, 광화문 광장은 열기로 이글거린다. 장마철이지만 마른 장마라서 비는 많이 내리지 않는 날씨. 천진난만한 아이들은 분수에서 뛰어 놀며 더위를 즐기기도 한다. 그렇지만 더위는 사람을 지치게 한다. 그래도 다행인 것이, 뜨겁게 내리쬐는 더위도 밤이 되면 어느 정도 가라앉는다.

그는 사무실에서 서류를 정리하며 퇴근 시간을 저울질한다. 그러다가 이내 결심하고는 서류 정리를 대충 마무리하고 퇴근하여 버스에 오른다. 그러다가 문득 광화문 광장에서 누군가가 자신을 부르는 듯한 환청을 듣고 내린다.

그는 상대적으로 조용한 광장 북쪽 잔디밭을 걸으면서 지나온 하루, 일 주일, 한 달의 생활에 대해서 생각한다. '밤이 되니 그나마 조금 한산하구나. 북쪽 잔디밭 부근은 그런대로 여름밤의 정취를 느낄 만하네.' 문득 꽃들이 가깝게 보이기 시작한다. 꽃들은 여기저기 어두움 속에 화사하고 아름다운 자태를 감추고 있다.

그래도 고귀한 아름다움이 어디로 가랴. 사람들이 플래쉬를 터뜨릴 때마다 이내 화사한 자태들이 드러난다. 사람들이 꽃들의 단잠을 깨우는 만행에 대해 꽃들에게 미안하다는 생각이 들면서도 한편으로는 그도 꽃들에게 더 다가가고 싶어진다. 눈으로 보는 아름다움만으로도 넘치지만 그는 욕심을 조금 더 내어 살포시 손끝으로 잠시 꽃잎을 만지며 그 부드러움을 느껴 본다. 선선한 가운데 부드러운 감촉을 느끼며 '손끝의 촉감을 오래 기억하고 싶구나.' 라고 생각한다. 그래서 그는 손끝에 남아 있는 촉감을 손수건에 담아 놓는다.

그는 광화문에서 다시 버스를 타고 부암동으로 향한다. 버스에서 내려 집으로 오르는 길에 친숙한 카페를 그냥 지나치지 못하고 들른다. 더위를 식힌다는 명목으로 맥주 한 병을 주문한다. 늘 하이네켄을 주문했지만 오늘은 평소와 달리 버드와이저를 주문하고는 생각에 잠긴다. '이제 부암동 동네는 관광지가 다 되었네.' 이때 한 무리의 젊은 아가씨들이 카페로 들어온다. 카페 주인은 부지런히 자리를 정리하여 손님들이 모두 앉을 수 있게 해 준다. 그런데 모두 일행은 아닌 듯, 혼자 온 아가씨도 있다. 테이블이 없으니 주인이 그에게 눈빛으로 양해를 구한다. 그는 '어차피 맥주 한 병만 더 마시고 일어날 거니까'라고 속으로 생각하며 동석을 허락한다. 아가씨는 가볍게 눈인사를 하며 자리에 앉아 버드와이저를 시킨다.

그에게 아가씨는 왠지 친숙한 얼굴이며 모습이다. 아가씨와 그는 주문한 맥주를 마시며 몇 마디 대화도 나눈다. 그리고 각자 내일을 위해 자리에서 일어나며 작별 인사를 가볍게 나눈다. 그가 나서는데 아가씨가 하는 말. "이 다음에 또 만나요. 좀 더 자주 보았으면 해요." 그가 의아해하며 묻기를 "우리가 오늘 말고 언제 만난 적 있나요?" 그러자 아가씨가 하는 말, "방금 전에도 만났잖아요? 불러내서 나온 건데?" 그리고는 아가씨가 말하기를, 자기는 꽃의 정령인데 아까 그가 손끝으로 꽃잎을 만져 잠에서 깨어났다고.

아가씨가 이야기하기를 자기와 그는 아주 오래전에도 만났었다고 한다. 그때는 조선 시대, 그는 무수리였고 자기는 궁궐의 하급 관리로 만났었다고 한다. 서로 눈인사만 하는 사이였는데 이후 윤회의 과정을 거쳐 그는 사람으로, 자기는 꽃으로 태어난 거라고. 그런데 자기는 꽃이 좋아 다음에도 꽃으로 태어나고 싶다나. 그는 아가씨가 웃자고 하는 이야기로 생각하며 일어나는데 아가씨가 물건 하나를 건네 준다. 앗, 그것은 그의 손수건! 그랬구나. 꽃의 정령이라는 아가씨는 그가 광화문에서 흘린 손수건을 주워 온 것이다. 어쩌면 아가씨 이야기가 사실일지도 모르겠다.

언젠가 다시 스치듯 만날 것을 기대하며 그는 오늘의 일상을 마무리한다. 마음속으로 그 아가씨와의 다음 만남까지의 작별 인사를 하면서. '꽃의 정령이여, 그대도 편히 쉬도록 하시라. 저녁 안식을 방해해서 미안하고, 내 잠을 조금 덜어 주고 싶구나. 우리는 언제 다시 만날 수 있을까?'

찔레꽃

야트막한 산들이 둘러 있는 아늑한 산골이 이야기의 무대입니다. 맑은 물이 흐르는 시냇가에 찔레꽃 한 무더기가 살고 있었습니다. 봄이 되면 눈부시게 새하얀 찔레꽃들이 가녀린 줄기를 따라 흐드러지게 피었습니다. 점차 푸른 빛을 더해 가는 늦은 봄의 산기슭에는 여러 종류의 꽃들이 자태를 뽐내었지만, 그중에서도 찔레꽃은 눈이 부시게 아름다웠습니다. 밤이 되면 찔레꽃은 은은한 달빛이 더해져서 더욱 고결한 자태가 되었습니다.

찔레꽃을 유난히 좋아하는 소년이 있었습니다. 소년은 찔레꽃에게 말을 걸고 고민을 말하기도 하였습니다. 그렇지만 찔레꽃들은 소년을 그다지 좋아하지 않았습니다. 왜냐하면 소년이 가끔 찔레꽃을 뭉텅이로 꺾어 꽃들에게 상처를 주었기 때문입니다. 그래도 소년 나름대로는 꽃을 아껴서 날이 가물 때에는 물을 길어다 주기도 하였기에 꽃들도 가시를 곧추세우고 소년을 대하지는 않았습니다.

어느 해 큰비가 계속 내렸습니다. 불어난 시냇가의 맑은 물은 곧 소용돌이를 만들며 급류가 되었습니다. 급류는 개울가 주위의 모든 꽃과 나무들을 사정없이 휩쓸고 지나가면서 탁류로 변했습니다. 찔레꽃도 탁류에 휩쓸려 떠내려가고 있을 때 소년이 나타났습니다. 소년은 통나무를 타고 찔레꽃을 구하러 나섰지만 소년도 그만 탁류에 휘말리고 말았습니다.

탁류에 휘말려 떠내려가면서도 소년은 찔레꽃에게 다가갔습니다. 마침내 소년은 찔레꽃 더미를 품에 안을 수 있었습니다. 그러나 탁류에 휘말린 찔레꽃과 소년은 어딘지 모를 곳으로 끝없이 흘러갔습니다. 소년은 찔레꽃을 놓치지 않으려고 힘껏 가슴에 껴안았습니다. 그러는 중에 찔레꽃 가시는 소년의 가슴에 깊숙이 박혔습니다.

계속 떠내려가던 찔레꽃과 소년은 큰 강가의 모래 둔덕에 다다랐습니다. 소년은 모래 둔덕에 찔레꽃 무더기를 심었습니다. 그리고는 이내 탈진해 쓰러졌습니다. 가슴에 난 상처로 너무 많은 피를 흘렸기 때문입니다.

모래 둔덕에 심겨진 찔레꽃은 이전보다 더욱 튼튼하게 뿌리를 내리고 쑥쑥 커갔습니다. 그리고는 이전보다 더욱 크고 또 모두의 가슴을 불태울 듯한 정열의 붉은색 꽃을 피워 냈습니다. 특히 소년의 가슴을 찔렀던 줄기에서는 그중에서도 가장 붉고 아름다운 꽃이 피어났습니다. 사람들은 이 꽃을 장미라고 불렀습니다.

사람들은 소년의 가슴에서 흘러내린 피가 장미의 붉은색이 되었다고 이야기했습니다. 그러나 사실 소년의 피는 장미꽃의 튼튼한 가시로 환생한 것입니다. 이것을 알게 된 사람들은 소년의 질투심이 장미의 가시로 환생한 것이라고 이야기했습니다. 꽃을 꺾으려는 다른 사람들의 손을 가시에 찔리도록 했다는 것입니다.

그러나 사실 소년의 생각은, 가시에 찔릴 위험을 무릅쓸 수 있는 용기 있는 자만이 자신이 사랑한 꽃에 다가올 수 있게 하려는 것이었습니다. 자신이 사랑한 꽃의 품격을 지키고 싶은 소년의 깊은 사랑이 스스로를 단단한 가시로 거듭나게 했던 것입니다. 소년은 정열적이고 탐스러운 장미꽃 한 움큼을 아직 가슴에 꼬옥 감싸 안고 있을지도 모릅니다. 가시에 찔리는 예리하고 신선한 촉감을 느끼며.

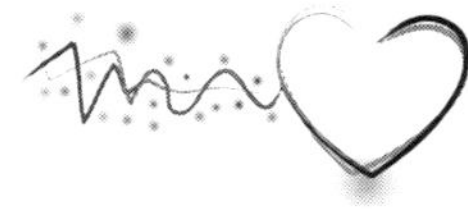

포근히 감싸는 사랑

푸르른 하늘 아주 높은 곳에 하늘나라가 있었습니다. 하늘나라에는 신선족과 천사족이 살고 있었습니다. 두 종족은 생김새도 거의 비슷하고 품성도 비슷해서 평화를 사랑하고 선한 일을 하고 악을 미워하였습니다. 두 종족은 각자의 신을 도와서 하늘나라와 지상 세계가 평화롭게 유지되도록 하였으며, 지하 세계에 갇힌 악령들의 힘이 커지지 않게 관리하는 일도 맡아서 했습니다. 그런데 두 종족은 서로 반갑게 인사하고 친하게 지내기는 하였으나 그 이상 서로 가까워지려 하지는 않았습니다. 왜 그런지는 아무도 모르고요.

그러던 어느 날 신선족의 늠름한 한 청년과 천사족의 고귀한 기품을 지닌 아리따운 한 처녀가 서로를 사랑하게 되었습니다. 둘은 하늘나라에서 서로 스치듯 지나치는 사이에 무언가에 끌리

듯 첫눈에 반하여 서로에 대한 사랑의 불씨를 키웠고, 급기야 그 불씨는 활활 타올라 사랑의 불꽃이 되었습니다.

둘의 뜨거운 사랑은 이내 하늘나라에 알려지게 되었습니다. 그러자 신선족과 천사족들은 둘을 처벌해야 한다고 강력하게 주장했습니다. 그러자 신선족과 천사족의 신들은 난처한 입장이 되었습니다. 둘의 사랑이 관례에 어긋나기는 하였으나 딱히 둘의 사랑을 금지하는 하늘나라의 법률도 없었으니까요. 그래서 신선족과 천사족의 신들은 궁여지책으로 둘을 지상의 인간 세계로 추방하기로 결정하였습니다.

둘은 신들에게 항의하였습니다. 왜 우리가 사랑하면 안 되느냐고. 둘의 사랑이 하늘나라에 어떤 피해를 끼치는 것도 아니고 신선족과 천사족의 사랑을 금지하는 하늘나라의 법률도 없었으니까요. 곤란해진 두 신은 궁여지책으로 둘에게 다음과 같은 제안을 하였습니다. 그것은, 지상의 인간 세계로 가면 둘이 영원히 헤어지지 않고 같은 공간에 머무를 수 있게 해 주겠다는 것이었습니다. 신들의 끈질긴 설득에 결국 둘은 그 제안을 받아들이고 지상 세계로 내려왔습니다.

지상 세계에 내려온 둘 중 한 명은 히말라야 산중에 있는 은둔 왕국의 왕자로 태어났습니다. 그리고 다른 한 명은 같은 왕국에서 평범한 집안의 기품 있고 우아한 아가씨로 태어났답니다. 누가 누구인지는 신들도 헷갈린답니다. 물론 둘은 자기들이 하늘나라에서 추방된 신선족과 천사족이었다는 사실은 전혀 모르고 있었지요.

어느 날 왕자가 평복으로 위장하고 시장을 돌아보고 있었습니다. 그러다가 마침 생선을 손질하고 있던 아가씨를 보게 되었습니다. 그리고는 무언가에 끌리듯 첫눈에 반해서 그 아가씨를 사랑하게 되었습니다. 아가씨도 평복을 한 왕자를 보는 순간 바로 사랑하게 되었답니다. 어쩌면 당연하겠지요. 하늘나라의 인연이 이어진 것이니까.

그 후 왕자는 틈만 나면 이런저런 이유를 만들어서 시장으로 나와 아가씨를 만났습니다. 아가씨에게는 자신이 왕자라는 것을 감추고 그냥 평범하고 조금은 어리숙한 사람으로 위장하고서. 두 사람은 함께 생선을 팔기도 하고, 창란젓도 만들고, 때로는 생선 비늘을 다듬기도 하면서 사랑을 키웠습니다. 아가씨는 이런저런 자질구레한 조건에 구애받지 않고 그냥 무조건 왕자를 사랑했습니다.

안타깝게도 둘의 만남과 행복은 그리 오래 가지 못했습니다. 매일 밖에 다녀온 왕자에게서는 생선 비린내가 났던 것입니다. 부왕은 그래도 생각이 깊은 아버지였던지라 어느 날 조용히 왕자를 불러서는, 만나는 아가씨가 어느 귀족의 아가씨인지 물었습니다. 왕자의 사랑을 최대한 보장해 주겠다는 약속과 함께. 그렇지만 이해심 깊은 부왕도 왕자가 만나는 아가씨가 생선 장사를 한다는 이야기를 듣고는 얼굴색이 변했습니다. 그리고는 당장 아가씨와 헤어지라고 엄명을 내렸습니다.

마침 그해에는 큰 흉년이 들었습니다. 왕국의 많은 사람들이 굶어 죽게 되었습니다. 이때 왕국에서 소문난 부자인 어느 귀족이 왕에게 다가와서는 자신의 딸과 왕자를 결혼시키자고 제안했습니다. 그러면서 만일 결혼이 성사되면 자기 재산의 절반을 처분해서, 굶주리는 사람들에게 먹을 것을 주겠다고 하였습니다. 흉년으로 백성들이 도탄에 빠져 있는 것을 걱정하던 왕은 왕자를 불러 전후 사정을 이야기하고 왕자가 귀족의 아가씨와 결혼해 줄 것을 부탁했습니다. 며칠 동안 고민하던 왕자는 마침내 부왕의 제안을 받아들여 귀족 아가씨와 결혼하기로 하였습니다. 그리고는 생선 장수 아가씨에게는 결별을 선언했습니다. 귀족은 약속대로 먹을 것을 굶주리는 사람들에게 나누어 주었고, 배고픔에 시달리던 사람들은 배고픔에서 벗어나게 되었습니다.

한편, 연인으로부터 헤어지자는 청천벽력 같은 이야기를 들은 아가씨는 그날로 앓아누웠습니다. 그리고는 시름시름 앓다가 그만 세상을 떠났습니다. 죽어 가는 순간에도 아가씨는 평민으로 위장했던 왕자를 그리워하여 어떻게든 왕자를 한번만이라도 만나고 싶어했습니다. 하늘나라에서 이를 지켜보던 신들은 안타까워하며, 또 이들과의 약속도 지켜야 했기에, 아가씨를 치명적인 매력을 지닌 꽃으로 환생시켰습니다. 그리고는 왕궁과 시장이 내려다보이는 절벽에 피어나게 하였습니다.

절벽에 핀 치명적인 매력을 지닌 꽃에 대한 소문은 곧 왕국 내에 널리 퍼졌습니다. 귀족 아가씨의 귀에도 이 소문이 들어갔고요. 결혼식을 앞두고 있던 아가씨는 왕자에게 청하여 절벽에 피어 있는 꽃을 구경하러 가자고 했습니다. 두 사람은 절벽의 꽃을 보자마자 바로 꽃에 이끌렸습니다. 특히 왕자가 더. 귀족 아가씨는 왕자에게 절벽의 꽃을 꺾어다 달라고 다소 무리한 요구를 하였습니다. 위험하기는 하였지만, 왕자도 꽃의 매력에 이끌렸던지라 절벽에 피어 있는 꽃을 따러 절벽을 내려갔습니다.

그러다가 그만 발을 헛디딘 왕자는 절벽에서 미끄러졌습니다. 그대로 떨어지면 수십 미터 절벽 아래로 떨어져 몸이 산산조각 났을 겁니다. 왕자는 떨어지는 와중에도 꽃에 다가갔고, 절벽 밖으로 뻗어 있는 꽃의 뿌리를 힘껏 잡았습니다. 사람들이 꽃에만 신경쓰다 보니 잘 보지는 못했지만, 꽃의 뿌리가 넓게 뻗어 있었는데, 마침 왕자가 그 뿌리를 힘껏 잡은 것입니다. 그러자 신기한 일이 벌어졌습니다. 꽃의 뿌리도 왕자를 감싸 안아 왕자가 떨어지지 않게 잡으려 하는 듯했습니다.

그렇지만 안타깝게도 왕자와 꽃은 같이 절벽을 미끄러져 내리며 절벽 아래 강물로 떨어졌습니다. 그래도 꽃의 뿌리를 잡고 있었기에 천천히 떨어져서 왕자의 몸은 온전할 수 있었습니다. 왕자와 꽃은 강물을 따라 하염없이 흘러내려갔습니다. 마침 그때는 강의 상류인 히말라야 지역에 큰 홍수가 나서 강물이 불어나 있었습니다.

그러다가 둘은 어느 모래톱에 다다랐습니다. 그렇지만 강을 따라 떠내려가는 사이에 물을 많이 마신 왕자는 안타깝게도 죽고 말았습니다. 치명적 매력을 지니고 있던 꽃도 여기저기 바위에 부딪치면서 꽃잎들이 떨어져 나가 볼품없는 모습이 되었습니다. 그래도 뿌리는 왕자를 포근히 감싸고 있었지요. 이후 꽃은 왕자를 둘러싼 뿌리를 더욱 깊이 모래톱에 내리고 잎을 키우며 자랐습니다.

다음 해부터 모래톱에서 자라는 꽃의 뿌리에 신기한 열매가 열리기 시작했습니다. 보드라운 속껍질과 단단한 겉껍질이 있는 열매였습니다. 마치 꽃의 뿌리가 왕자를 꽉 감싸 안아 보호하지만 숨이 막히지는 않게 하는 듯했지요. 단단한 겉껍질 안에는 향기로운 즙이 있는 영양가 많은 열매가 열렸습니다. 그것도 줄줄이. 사람들은 모래톱의 식물 뿌리를 가져다 척박한 땅에 심어서 뿌리에 열리는 열매를 먹기 시작했습니다. 때로는 그 열매에서 기름을 짜 저녁 식탁에 오를 생선을 튀기는 데 쓰기도 했습니다.

그리고 누군가가 왕자와 아가씨의 사랑을 떠올리고는, 열매가 아가씨와 왕자의 사랑의 결실이라고 이야기했습니다. 두 사람의 치열한 사랑을 기억하는 이들은 그 이야기에 고개를 끄덕였습니다.

열매가 되어서도 왕자와 아가씨는 하나입니다. 열매는 부드러운 속껍질로 싸여 있어서 그 향과 맛을 오래 보존할 수 있었습니다. 사람들은 열매를 먹는 마지막 순간에야 둘을 떼어 놓을 수 있었답니다. 이후 사람들은 둘의 아름다운 사랑을 떠올리며 그 열매를 먹는답니다. 둘을 떼어 놓는 데 대해 미안함도 느끼면서.

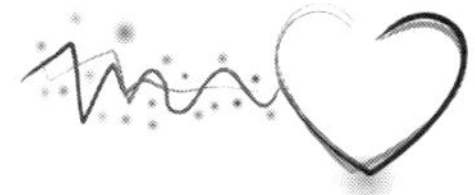

그리운 고향

내 고향은 이제는 아스라한 꿈속에서나 갈 수 있는 아득히 먼 거인족의 파라다이스이다. 그곳에는 순수한 마음과 영혼을 가진 거인족 천사들이 살고 있었다. 나는 그중 한 천사의 귀여움을 받으며 살았다. 그 천사는 머나먼 세상의 갖가지 신비한 일들을 나에게 들려주기도 하고 또 때로는 지옥 불에 떨어진 존재들의 처참함에 대해서도 들려주었다. 그런 이야기를 듣고 나면 며칠씩 무서움에 떨기도 하였다.

나는 거인들 사이에서 귀여움을 받는 마스코트였다. 거인족이 살고 있는 파라다이스 이곳저곳을 마음껏 돌아다니며 인생의 희열과 안온함, 행복을 누렸다. 사실 그때는 내가 행복하다는 사실도 잘 몰랐으며 온 세상이 그러한 열락으로 가득 차 있다고 막연하게 생각했었다. 나중에야 세상이 그렇지 않다는 것을 알게 되었고 다시 파라다이스로 돌아가기를 열망하였으나 그때는 이미 때가 늦었으니.

거인족의 파라다이스에서 내 모습은 조그만 멧돼지를 연상하면 될 것이다. 귀여운 송곳니가 앙증맞게 나와 있었다. 나의 친구이자 주인은 때때로 내 송곳니를 부드럽게 쓰다듬어 주곤 하였다. 나는 천국의 연못가에 있는 은색 진흙탕에서 진흙 목욕을 즐겼다. 어떤 때는 진흙 속에서 낮잠을 즐기기도 하였다.

그날은 파라다이스의 분위기가 다른 날과 달랐다. 정원을 관리하는 천사들도 무언가에 정신을 빼앗긴 듯 넋이 나가 있었다. 그랬다. 천국과 지옥의 전쟁이 그날 시작된 것이었다. 천국에서 쫓겨나 지옥으로 추방된 루시퍼와 그 일당들은 억겁의 세월 동안 복수를 꿈꾸며 전쟁 준비를 하고 그날 천국에 대해 선전포고를 한 것이다. 파라다이스의 천사들과 몸집이 큰 동물들도 천국 군대에 징발되었다. 나는 몸이 작아서 징발 대상에서 제외되었다. 그러나 나의 주인은 얼마나 오랜 기간 계속될지 모르는 전쟁에 나를 데려가고 싶어했다. 아마도 피비린내 나는 전쟁터에서 외로움을 쫓고 마음의 위안을 얻으려 했던 것 같다.

주인 천사가 나를 찾았을 때 나는 막 진흙 목욕을 마치고 기분

좋게 잠을 청하려는 참이었다. 나는 짐짓 잠든 체하고 가만히 진흙 속에 들어가 웅크리고 있었다. 주인 천사는 간절한 목소리로 나를 부르며 찾았다. 지금 생각해 보면 내가 어디에 있는지 알았을 것이고, 잠들지 않았다는 것도 알았을 것이다. 천사이므로. 그러나 나는 언제 끝날지 모르는 전쟁터에 나가는 것이 너무도 무서웠고, 또 파라다이스를 떠나는 것에 대해 막연한 불안감을 느꼈다. 주인 천사는 더 이상 시간을 지체할 수 없어 전쟁터로 떠났고 나는 스르르 깊은 잠에 빠져들었다. 그런데 이 광경을 파라다이스의 최고 책임자인 대천사가 보고 있었던 것 같다.

다음에 나에게 일어난 일들은 자세히 이야기하기가 주저된다. 대천사는 나를 괘씸하게 생각하고 그대로 진흙 속에 영원히 잠들게 하였다. 한편, 주인 천사는 악마들과의 전쟁에서 용감히 싸워 큰 공을 세웠으나 치명적인 부상을 당하여 천사로서의 삶을 마치게 되었다. 주인 천사는 영혼이 스러지는 순간에 대천사에게 마지막 힘을 다하여 나를 부탁하고 떠났다. 대천사는 나를 여전히 괘씸하게 생각하였으나 주인 천사의 부탁을 차마 외면할 수 없었나 보다. 나를 잠에서 깨우면서 아래의 세속 세계로 쫓아 보냈다.

나는 은색 진흙 속에서의 오랜 잠에서 깨어났다. 나는 힘들여 몸에 묻은 진흙을 털어 냈다. 그러나 얼굴은 잠들면서 진흙 속에 너무 오래 파묻혀 있어선지 진흙덩어리가 잘 떨어지지 않았다. 억지로 얼굴에 붙어 있는 진흙덩어리를 떼어 내는 동안에 내 코가 길게 늘어나 버렸다. 어쩌나!

은색 진흙을 털고 나서 본 세속의 세계는 파라다이스와는 너무도 다른 세계였다. 힘없이 주변을 어슬렁거리며 보니 이곳의 동물들은 천국의 동물들과는 너무나 비교되게, 남루하고 천박하고 야비하게 느껴졌다. 세속에서의 나는 주변의 다른 어떤 동물들보다도 큰 덩치를 가지고 있었다. 뽀얗던 내 피부는 진흙같이 거친 피부로 변해 있었다. 그런데 얼굴에 붙은 진흙덩어리를 떼어 내다 늘어난 코는 나름대로 쓸모가 있었다. 물을 마실 때나 먹이를 먹을 때 비굴하게 고개를 숙이지 않아도 되었다. 큰 코를 높이 치켜세우면 어느 누구도 감히 내게 도발할 생각을 하지 못했다. 나는 깨달았다. 이 모든 것이 대천사의 조그만(나에게는 무척 큰) 배려였다는 것을.

지상에서의 삶은 무척 고단하지만 그런대로 견딜 만하다. 가끔 내 어금니를 노리는 밀렵꾼들의 위협과 사람들에게 붙잡혀 서커스단에서 강제 노동을 하는 것을 빼고는. 그래도 나의 마음속에는 그리움이 있다. 이제 내 고향 거인족의 파라다이스로 돌아가고 싶다.

거인족 파라다이스에 있다가 천국과 지옥의 전쟁에 출정한 많은 수의 천사가 용감히 싸우다 전사했다. 그리고 그들은 대천사와 고귀한 신의 배려로 인간 세상에 고귀한 신분으로 다시 태어났다. 부처(싯다르타)의 어머니도 거인족 파라다이스의 여자 천사였는데, 여전사로 참전했다가 전사한 후에 인간으로 환생한 것이다. 그녀는 부처를 임신했을 때 코끼리가 몸으로 들어오는 꿈을 꾸었다고 한다. 사실은 거인족 파라다이스에서 우리들을 가슴에 안고 지냈던 일과 고향에 대한 그리움을 꿈꾼 것이다. 파라다이스의 존재가 알려지는 것을 원치 않았던 대천사와 고귀한 신의 계획에 의해 우리에 대한 모든 기억, 꿈과 생각이 지상의 코끼리로 바뀐 것뿐이다.

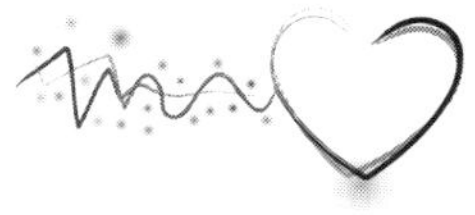

거북이의 비밀

사람들에게 나는 느린 동물로 알려져 있다. 그렇지만 나는 지상계의 어떤 동물보다도 빠르다. 다만 그 빠름을 드러내지 않고 있을 뿐이다. 신과의 약속을 지켜야 하기 때문이다.

내 고향은 천상계이다. 나는 옥황상제와 천상계를 지키는 천군(天軍)의 책임자였다. 지옥계와의 전쟁에서 내가 큰 공을 세우자 옥황상제는 어떤 날카로운 무기도 뚫을 수 없는 견고하고 가벼운 방패를 내게 선물하였다. 나는 방패를 항상 몸에 지니고 다녔으며 자유자재로 크기도 조절할 수 있었다. 또한 공중을 빛에 버금가는 빠른 속도로 날아다닐 수도 있었다.

천상계와 지옥계의 억겁에 걸친 전쟁은 마침내 천상계의 승리로 막을 내렸다. 자비로운 옥황상제는 지옥계에 대해 가혹한 징벌을 내리지는 않고 비교적 가벼운 징벌을 내리셨다. 지옥계 책임자들의 품계를 한 단계씩 강등시켰으며, 실무자들에게는 3개월 정직에 보너스 회수 정도의 가벼운 처벌을 내리셨다.

자비로운 옥황상제는 천상계와 지옥계의 평화가 지속되기를 염원하셨다. 그래서 전쟁에 진 지옥계의 수장들을 천상계로 불러 위로연도 베풀어 주셨다. 그 위로연이 내 삶에 크나큰 변화를 가져올 줄을 나는 미처 몰랐다. 위로연 도중 천상의 도화주(천 년 묵은 복숭아로 담근 술)를 취하도록 마신 지옥계의 어느 장수가 술주정을 하며 분위기를 흐트러뜨렸다. 그러더니 큰 소리로 떠들며 천상계와 옥황상제의 존엄을 모독하였다. 나는 이를 그냥 두고 볼 수 없어 가볍게 말로 주의를 주었다. 그러자 그 지옥계 장수는 기분이 상했는지 지옥검을 들어 상을 내려치며 행패를 부리기 시작하였다. 나는 참지 못하고 지옥계 장수를 상대하여 그 자의 팔을 베었다. 그것으로 잠시의 혼란은 수습되었다.

문제는 그 다음이었다. 지옥계 장수들은 일제히 술 취한 자에게 행한 내 처사가 지나치다면서, 나를 처벌하지 않으면 평화 협정(사실은 그들의 항복)을 파기하겠다고 적반하장의 억지 주장을 하기에 이르렀다. 난감한 상황에서 옥황상제는 나와 잠시 면담을 하였다. 그리고 잠시 천상을 떠나 지상계에 머물러 줄 것을 부탁하였다. 옥황상제의 간절한 눈빛을 본 나는 차마 거절할 수 없었다. 지옥계와의 새로운 전쟁이 지상계와 천상계의 보통의 삶에 미칠 피해를 우려하는 그분의 마음을 너무나 잘 이해했기 때문이다.

그렇지만 나는 내 소임을 정당한 절차에 따라 집행한 것이기에 당당함을 잃지 않았다. 옥황상제도 그 점을 잘 알고 계셨다. 그래서 나는 옥황상제가 내게 하사한 방패를 그대로 가지고 지상계로 내려올 수 있었다. 자유자재로 날 수 있는 능력, 그리고 몸 크기를 자유자재로 조절할 수 있는 능력도 그대로 지닌 채 지상계로 내려가도록 허락되었다. 다만 내 능력이 지상계의 인간이나 다른 동물에게 발각되면 안 된다는 조건과 함께. 그 후로 수만 년 동안 나는 지상계에 살고 있다. 다른 동물이나 인간과는 달리 우리 종족은 수천 년까지도 살 수 있다. 그것은 천상계의 영험한 기운이 아직도 우리 몸에 남아 있기 때문이다.

그런데 살다 보니 지상계도 그런대로 살 만한 곳이고, 또한 주변 동물들과의 친분도 쌓여 갔다. 그래서 요즘 나의 고민은 옥황상제가 다시 천상계로 올라오라고 하면 갈 것인가 말 것인가이다.

처음 지상계에 내려왔을 때에는 옥황상제에 대한 서운함이 조금은 마음속에 남아 있었다. 그런데 지상계에서 수만 년을 지내는 사이에, 이것도 전지전능하신 옥황상제의 배려임을 알게 되었다. 천상계와 지옥계의 전쟁 과정에서 옥황상제는 지상계에 대해 미처 신경을 쓸 틈이 없었다. 그 결과 지상계에는 사악함이 넘쳐나고, 야비함이 판쳤으며, 우직함이 조롱받는 세상이 되어버렸다. 서쪽 극락에 계시던 부처님은 이러한 광경을 심히 걱정하셨으며, 그래서 솔선수범의 자세로 지상계에 우직함, 선의, 한결같음의 의미를 보여 줄 수 있는 장수를 파견해 달라고 부탁하셨다.

옥황상제는 누구를 보내야 하나 고민 끝에 나를 보내기로 결정하셨던 듯하다. 다만 지상계로 나를 보내는 것이 마음에 걸려서 직접 지상계로 내려가라고 말씀하시기보다는, 지옥계 장수가 말썽을 부리면 그것을 내가 보고만 있지는 않을 것임을 알고 상황을 그리 유도하셨을 것이다. 그리고는 그러한 상황이 못내 미안하셔서 천군의 방패는 그대로 지닐 수 있게 해 주셨고 몸도 자유자재로 조절할 수 있는 능력을 지니고, 신과 같이 장수하도록 하신 것이다. 또한 수만 년 후 천상계로 복귀할 수 있는 옵션도 부여하셨다.

지상에 내려오면서 방패는 내 몸을 감싸는 형태로 변하였다. 그래서 방패에 갇힌 내 몸은 천상계에서처럼 자유자재로 늘리거나 줄일 수 없다. 다만 방패가 감싸지 않은 목 부분은 지금도 자유자재로 길이를 조절할 수 있다. 내 눈은 천국에서와 같이 맑고 그윽하며 자세히 들여다보면 천국의 메시지도 읽을 수 있다. 다만 어리석은 인간들이 깊은 곳에 다다르지 못하는 것일 뿐.

이야기의 덤으로 나와 토끼의 경주에 대한 이야기를 덧붙인다. 이솝의 우화에 대해서는 모두 잘 알고 있으리라 생각한다. 이솝 이야기는 실제 경주 이야기를 기록한 것이다. 나보다 빠를 거라고 자만한 토끼가 어느 날 달리기 시합을 나에게 제안한다. 그리고 시합 도중에 자만에 빠져 쉬다가 잠이 들고 그 사이 내가 토끼를 추월해서 이긴다는 내용으로 알려져 있다. 이 이야기는 이솝이 어린이들에게 꾸준한 노력의 중요성을 알려 주기 위해 지어낸 것으로 알려져 있다.

그런데 나와 토끼의 시합은 실제로 열렸었다. 그 시합의 심판이 바로 이솝이었다. 보다 정확하게 말하자면 누가 빨리 목표 지점에 도착하는가에 대한 시합이었다. 이 시합에 대한 계약서를 보면, 꼭 달려야 한다는 조항은 없고 다만 누가 빨리 목표 지점에 도착하는가로 승부를 낸다는 규정뿐이었다. (계약서 사본은 지금도 내 갑옷

속에 보관하고 있다.)

나보다 빨리 달리던 토끼가 뛰어가다가 잠이 든 것은 사실이다. 토끼가 잠든 틈을 이용하여 나는 공중 비행술로 전광석화와 같이 빠른 속도로 날아갔다. 아마 이솝도 내가 날아가는 모습을 보지는 못했을 것이다. 목표 지점에 가까이 가서 나는 땅으로 내려와 기어갔는데 이를 이솝이 본 것이다. 그래서 이솝은 내가 부지런히 기어 온 것으로 착각을 하였다. 내가 날아다닐 수 있다는 사실을 미리 알려 주지 않은 데 대해서는 토끼에게 살짝 미안하다. 그런데 날아다닐 수 있는 능력을 남에게 들키지 않아야 한다는 것은 옥황상제와의 약속이었기에 말할 수 없었다. 그리고 내가 부지런히 기어 왔다고 알고 있는 것이 어린이들에게 교훈이 될 수도 있다고 생각하였기에 더더욱 말할 수 없었다. 어떤 경우든 토끼처럼 중간에 낮잠을 자는 건 어린이들에게 별로 권하고 싶지 않았으니까.

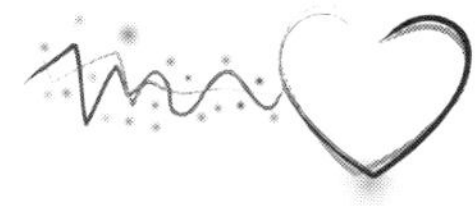

내리사랑

자라면서 아버지 얼굴을 본 건 손으로 꼽을 수 있을 정도이다. 아버지는 방랑에 지치거나 돈이 떨어지면 집에 들렀다. 그리고는 며칠 쉬고서 다시 어디론가 훌쩍 떠났다. 어머니가 힘들게 장만한 논밭 일부를 팔아 마련한 돈을 가지고. 어머니가 논밭을 다시 사들였을 즈음이면 아버지가 어김없이 집에 모습을 드러냈다. 어머니를 고생시키고 또 집안 재산을 축내며 자기 생각만 하는 아버지가 미웠다. 부자 사이의 대화도 거의 없었던 것 같다. 그런 아버지를 보며 나는 아버지처럼 살지 않으리라 다짐도 많이 했다.

아버지를 마지막으로 본 건 고등학생 때이다. 이후에는 다시 집에 들르지 않았다. 아마 어디선가 객사를 했거나 아니면 오다가다 만난 여자와 살림을 차렸을지도 모른다.

어머니는 평생 고생을 하신 탓에 일찍 돌아가셨다. 돌아가실

무렵에는 당신이 농사짓던 땅이 도시 근교가 되어 있었다. 고물상에 땅을 빌려 주고 받는 임대료 수입이 상당했기에 내가 놀고 먹어도 생활하는 데 어려움은 없었다. 오다가다 만난 여자와 결혼을 하고 애도 낳았다.

드러나지 않던 내 본성이 그때부터 점차 발현되기 시작했다. 나도 아버지처럼 방랑벽이 있었던 것이다. 틈만 나면 나는 집을 나와 어디론가 떠났다. 결혼 이후에 집에 머문 기간은 석 달이 채 안 될 것이다. 서로 밀어내는 자석처럼 나는 집에 붙어 있지 못하였다. 아무 의미 없이 여기저기를 떠돌다 돈이 떨어지면 그제서야 집으로 돌아갔다. 그리고는 땅 일부를 팔아서 다시 방랑을 떠났다.

물려받은 재산으로 그렇게 방탕한 생활을 한 지도 어언 십여 년이 흘렀다. 내가 죽던 날 나는 언 땅의 끝자락에 있는 어촌에 있었다. 어떻게 거기까지 가게 되었는지는 모른다. 마을에 있는 허름한 선술집에서 나는 여느 때처럼 술에 취해 있었다. 그때 남루한 옷을 입은 구부정한 노인이 선술집에 들어와서 내 앞자리에 앉았다.

노인에게 술을 한 잔 따라 주고 이런저런 이야기를 나누었다. 어차피 그저 그런 의미 없는 인생이었겠지만 그래도 후회되는 일은 자식을 낳고 돌보지 않은 것이라고 했다. 아버지가 그런 게 싫었으면서 나도 대물림으로 그리한다는 생각이 들더라고 이야기했던 것 같다. 이번에 집을 떠날 때 물끄러미 나를 바라보던 아들 녀석의 차가운 눈빛이 가슴에 남아 있다고도 털어놓았다. 그러자 만일 다시 태어난다면 잘 살 수 있겠느냐고 노인이 물었다. 나는 나름 호기롭게 최선을 다해 자식을 돌볼 것이라고 대답했다. 그러자 노인은 자기가 내 부탁을 들어주겠다고 하였다. 나는 노인의 말을 믿지 않았지만 그래도 고맙다고 지나가는 말로 대답했다.

마지막 남은 술을 나누어 마시고 선술집을 나와 숙소로 향했다. 그날은 무척 춥고 눈보라가 몰아치던 날이었다. 어렴풋한 내 기억은 여기까지이다. 아마도 나는 숙소로 가는 도중에 길에서 잠들었던 것 같다. 그렇게 술에 취해 얼어 죽는 것으로 내 삶은 마무리되었다.

다시 태어난 나는 여전히 게을렀다. 그냥 몸을 풀숲에 숨기고 뒷다리로 서서 바람이 부는 대로 흔들렸다. 가끔 메뚜기가 앞을 지나면 앞발로 후려쳐 잡고 닥치는 대로 뜯어먹었다. 더운 여름이 지나고 가을이 되자 나는 통통하게 살이 올랐다. 그리고 페로몬이 시키는 대로 내 짝을 찾아 돌아다니다가 드디어 그녀를 만났다. 나는 조심스레 뒤에서 다가가 그녀를 감싸 안았다. 그녀도 처음에는 멈칫거리다가 이내 나를 받아들였다. 그리고는 얼마의 시간이 흘렀을까. 머리에 가해지는 둔탁한 충격이 내 자의식과 기억을 깨웠다. 지난 생에서 선술집에서 들이킨 노인과의 마지막 술잔의 알싸한 향까지도 다시 기억났다. 그리고 마지막 순간에 노인과 나눈 이야기도 떠올랐다.

그녀가 앞발로 내 머리를 찍어 누르는 느낌은 처음에는 둔탁하면서 예리한 아픔이었다. 그렇지만 이내 고통은 사라지고 어떤 기대감마저 들게 하였다. 이내 그녀는 게걸스럽게 내 눈망울을 씹었다. 그래, 내 몸을 모두 내어주리. 그대여 나를 천천히 꼭꼭 씹어 드시게나. 내 몸의 자양분이 우리 후손들에게 잘 전달되기를. 내 몸이 그들의 살이 된다는 호사스런 자부심도 잠시나마 누렸다.